glauben, lieben, christlich leben
Ein »kleiner Katechismus«

Reinhard Körner

glauben, lieben, christlich leben

Ein »kleiner Katechismus«

benno

Bibliografische Information der Deutschen Nationalbibliothek
Die Deutsche Nationalbibliothek verzeichnet diese Publikation in der Deutschen Nationalbibliografie; detaillierte bibliografische Daten sind im Internet unter http://dnb.d-nb.de abrufbar.

Besuchen Sie uns im Internet:
www.st-benno.de

Gern informieren wir Sie unverbindlich und aktuell auch in unserem Newsletter zum Verlagsprogramm, zu Neuerscheinungen und Aktionen.
Einfach anmelden unter www.st-benno.de.

ISBN 978-3-7462-4959-9

Umschlaggestaltung: Ulrike Vetter, Leipzig
Umschlagabbildung: © 01559kip/Fotolia
Gesamtherstellung: Kontext, Lemsel (A)

Anlass und Anliegen

Ein Katechismus im herkömmlichen Sinne ist dieses Buch nicht: Es ist kein Lehrbuch für den Religionsunterricht und kein Nachschlagewerk zu allen Glaubensthemen. Aber es will Katechese sein, ein Beitrag, um die christliche Spiritualität und Lebensart bekannt zu machen. Anlässlich des Reformationsgedenkens habe ich ihm den Titel in Anlehnung an den KLEINEN KATECHISMUS Martin Luthers gegeben. Wie in meinem Büchlein GOTT. 95 THESEN (St. Benno Verlag 2016), das zum selben Anlass erschien und in der Titelformulierung auf den „Thesenanschlag" Bezug nahm, geht es mir um ein Anliegen, das so aktuell ist wie vor 500 Jahren – doch heute nicht mehr nur Christen und die evangelische und katholische Kirche betrifft.

Martin Luther schrieb den KLEINEN KATECHISMUS im Jahr 1529, zwölf Jahre nach der Veröffentlichung seiner 95 Ablass-Thesen. Ursprünglich gar nicht von ihm beabsichtigt, hatte sich inzwischen eine neue Konfession mit eigenen Kirchenstrukturen herausgebildet. Bei Visitationsreisen in mehrere Gemeinden begegnete ihm nun, wie er in der Vorrede schreibt, eine „klägliche, elende Not“[1]: Er musste feststellen, dass die Gläubigen und eine große Zahl der Pfarrer – die meisten waren bisher katholische Priester gewesen – mit Gottesvorstellungen und Frömmigkeitspraktiken lebten, die weit von dem entfernt waren, was er „evangelisch (= dem Evangelium entsprechend)“ nannte. „In dem Prozess, der aus der Reform der Frömmigkeit eine Reformation der Kirche machte“, sagt der protestantische Kirchenhistoriker Volker Leppin, „blieb manches und mancher auf der Strecke.“[2] Der KLEINE KATECHISMUS sollte hier Abhilfe schaffen. In leicht verständlicher Sprache erklärt Martin Luther darin die Zehn Gebote, das Glaubensbekenntnis, das Vaterunser sowie Taufe, Abendmahl und Beichte und will so den Menschen seiner Zeit nahebringen, wer Gott ist und worin christliches Leben besteht. Ein, so Volker Leppin, „gewaltiges pädagogisches Programm: Fast aus dem Nichts heraus soll bei Pfarrern und Gemeinden der christliche Glaube einziehen.“[3]

Inzwischen hat sich die Welt verändert, auch im Land der Reformation. Katechese, für Kinder wie für Erwachsene, gehört heute, anders als damals, ganz selbstverständlich zum kirchlichen Leben. Aber sind junge Menschen nach dem Firm- oder Konfirmandenunterricht wirklich „firm", um mit Gott leben zu können? Finden evangelische und katholische Gottesdienstteilnehmer – ein ohnehin nur noch geringer Teil der Kirchenmitglieder – wirklich zu einem christlichen Gottes- und Menschenbild und zur Lebenspraxis im Geist des Evangeliums? Ganz zu schweigen vom Mangel an Grundwissen im Umgang mit der Gottesfrage und an elementaren Kenntnissen über den christlichen Glauben in der Gesellschaft überhaupt. Eine „klägliche, elende Not" ... Martin Luther würde wohl einen „Kleinen Katechismus" schreiben. Zumal der Hunger groß ist. Nicht nur nach Spiritualität allgemein, sondern zunehmend auch wieder nach spiritueller Orientierung aus den *christlichen* Quellen, unter Getauften wie Nichtgetauften – und bei vielen Christen, auch solchen, die nicht mehr oder kaum noch an Gottesdiensten teilnehmen, nach einem Glaubensverständnis, das vor ihrer Allgemeinbildung und ihrem wachen Verstand bestehen kann.

Mit meinen 95 Thesen (s. o.) wollte ich ein Fenster aufstoßen: zu der Wirklichkeit hin, die wir Gott nennen. Sie sollten daran erinnern, dass Gott als die „Wirklichkeit hinter aller Wirklichkeit" die Beachtung – und Achtung – *aller* in unserer religiös und weltanschaulich pluralen Gesellschaft verdient, allein schon der Achtung voreinander wegen. In Fortsetzung und Ergänzung dazu geht es nun um die Frage, wie *Christen* mit der Wirklichkeit Gott umgehen. Was ich hier niederschreibe, ist, wie gesagt, kein Kompendium aller christlichen Glaubensinhalte; es will nur den Schlüssel zeigen, der die Tür zu dem öffnet, was christliches Leben ausmacht. Dabei möchte ich vor allem in Erinnerung bringen, was heute auch in dieser Frage – meiner Erfahrung nach – zu wenig Beachtung findet oder in Vergessenheit geraten ist.

Die 33 kurzen Artikel sind, wie meine 95 Thesen, als Anregung zum eigenen Nachdenken und Meditieren gedacht. Vielleicht sind sie darüber hinaus auch als Impulse für ein Gespräch mit anderen geeignet. Geschrieben habe ich sie für Leserinnen und Leser, die die *Innenseite* des Christentums, den persönlichen und gemeinschaftlichen Umgang mit Gott, dem Urgrund allen Seins, näher kennenlernen oder tiefer verstehen möchten – gleich, ob sie Christen, religionslos lebende oder anders-religiöse Mitmenschen sind.

Reinhard Körner
Karmelitenkloster Birkenwerder

1.

An Gott glauben kann man nicht aus eigenem Antrieb und aus menschlichem Willen allein. Weder kann man sich selbst dazu bringen noch es einem anderen abverlangen. Wer an Gott glaubt – bewusst, persönlich und von innen her –, der hat das Empfinden, diesen Glauben eher empfangen zu haben, als dass er sich dafür entschieden hätte. Und er weiß, wenn er zurückschaut, dass er ihn letztlich nicht Menschen verdankt.

Wenn heute Jugendliche und Erwachsene, die bisher religionslos lebten, zum Glauben an Gott finden, sagen sie: „Das kam von innen, ich weiß selbst nicht, wie", oder: „Eines Tages war da so eine Ahnung in mir, dass es mehr geben muss hinter allem", oder: „Es hat mich gepackt, wie eine tiefe Sehnsucht", oder: „Es begann damit, dass ich in meinem Innern eine Liebe spürte, die tiefer und größer war als alles, was ich bisher kannte" ... Und

gehören sie dann zu einer Glaubensgemeinschaft, in der sie mit dieser Erfahrung nicht allein sind, sagen sie: „Es ist wie ein Nach-Hause-Kommen."
Auch Menschen, die als Kinder in die Kirche oder eine Religionsgemeinschaft hineingewachsen sind, darin erzogen und unterrichtet wurden und sich später selbst dazu entschlossen haben, im Glauben an Gott zu leben, kennen dieses *Berührtsein von einer größeren, umfassenderen Wirklichkeit her.* Ihnen selbst oft gar nicht bewusst, war es der Grund für ihren Entschluss. Andere, die eine ähnliche oder sogar dieselbe religiöse Erziehung erlebten, aber ein solches Berührtsein nicht erfahren haben, entscheiden sich – heute sind es sehr viele – zu einem Leben ohne Religion, auch trotz guter Vorbilder in ihrer Familie, trotz guten Religionsunterrichts und trotz guter Kindheitserinnerungen an ihre Kirchengemeinde; oder sie leben weiterhin in ihrer Glaubensgemeinschaft, ohne jedoch eine persönliche Beziehung zur Wirklichkeit hinter der Vokabel „Gott" zu entwickeln.
An Gott glauben können, persönlich und von innen her, das kann man nicht „machen". Es ist eine Re-Aktion, ein *Antworten* auf eine Be-*ruf*-ung: auf einen „Ruf" aus der Wirklichkeit hinter aller Wirk-

lichkeit – mag er sich im Herzen auch noch so armselig und vielleicht nur ein einziges Mal im Leben ereignet haben.

Wer den Glauben an Gott in sich lebendig halten, wiedererwecken oder vertiefen möchte – sei er „religiös“ oder „religionslos“ –, sollte deshalb immer damit beginnen, sich an diesen Ruf zu erinnern. Und er sollte sich nach jemandem umschauen, der ihm, wie einst Johannes vom Kreuz (1542–1591), ein spanischer Lehrmeister der christlichen Spiritualität aus dem Jahrhundert der Reformation, den Rat zu geben versteht: „Vor allem bedenke: Wenn ein Mensch Gott sucht, dann hat viel früher schon Gott nach diesem Menschen gesucht.“[4]

2.

Warum die einen und die anderen nicht? Warum verstehen die einen sofort, was gemeint ist, wenn vom *Berührtsein von Gott* die Rede ist, und warum andere nicht? Die Frage muss offen bleiben. Mit jeder vorschnellen Antwort bestünde die Gefahr, über Menschen ein Urteil zu sprechen – oder über Gott. Wichtig ist, die Tatsache ernst zu nehmen, dass es so ist.

Wer nicht an Gott glauben kann, selbst dann nicht, wenn er sich redlich mit der Gottesfrage auseinandergesetzt hätte, hat ein Recht darauf, ohne Gott zu leben. Mag er gedanklich sogar mit der Möglichkeit rechnen, dass es Gott gibt: Wenn er die *Wirklichkeit*, die gemeint ist, wenn er „Gott“ sagt, nicht oder noch nicht in seinem Herzen erfahren hat, wird er an Gott nicht glauben können. Und diese Erfahrung nicht gemacht zu haben, ist nicht sein Versagen – sie machen zu können, liegt nicht in seiner Macht. An Gott glauben können, ist eine *Berufung*, ein Ruf, der von der Wirklichkeit Gott selbst ausgeht.

Aber warum ruft Gott nicht alle Menschen? Zu meinen, dass er den einen mehr, den anderen weniger zugetan sei, ja letztere von ihm verstoßen seien, wäre keine Antwort; es wäre eine Unterstellung Gott gegenüber. Zudem zeigt sich heute mit der Zunahme religionslos lebender Menschen immer deutlicher, dass weit mehr von ihnen – vielleicht sogar doch alle? – zumindest eine Ahnung in sich tragen, dass die Gesamtwirklichkeit größer und tiefgründiger sein muss, als ihre Sinne sie vordergründig wahrnehmen.

Die Menschen jedenfalls, die mit der Wirklichkeit Gott in Berührung gekommen sind, sich ihr zuwenden und sich ihr anvertrauen können, wissen in ihrem Herzen, dass Gott *ein Gott aller Menschen* ist. Gott ist nicht allein der Gott der Juden, der Christen oder der Muslime, Gottes „Volk" ist die Menschheit. Wenn Gott der Urgrund allen Daseins ist, dann ist jeder Mensch *Gottes* Mensch.

Es ist gut, dass es religionslos lebende Menschen gibt: Sie sind allein schon durch ihr Dasein eine heilsame Anfrage an ihre religiösen Mitmenschen, ob deren Gottesvorstellungen nicht zu oberflächlich und ihre Glaubenspraktiken nicht eher abergläubisch sind. Und es ist gut, dass es die tief im Herzen von Gott Berührten gibt: Sie sind eine ebenso heilsame Anfrage an alle anderen, ob nicht doch „mehr" hinter der Oberfläche unserer Daseinswelt steckt.

Wir brauchen einander. Und wir brauchen auch die Anfrage des jeweils anderen. Wir sollten einander – und wir sollten die Anfrage der anderen – „umarmen", sagt Tomáš Halík (geb. 1948), ein tschechischer Theologe, der sich „am Ende eines langen und verschlungenen Weges ... zum christlichen Glauben durchgezweifelt" hat.[5] Die Menschen in seinem Land und die im Ostteil Deutschlands Geborenen haben mit solchem „Umarmen" eine lange Erfahrung.

3.

Christ sein ist eine ganz eigene Art, an Gott zu glauben. Mit dem Gottesglauben der Menschen, die von anderen Religionen und Spiritualitäten geprägt sind, hat sie vieles gemeinsam: das Staunen über das Wunder des Daseins, ein Gespür für das „Heilige" in allen Dingen, die Achtung des Mitmenschen, eine friedliebende Lebenseinstellung ... Und immer ist es das Berührtsein von einer größeren Wirklichkeit, das Menschen unterschiedlicher Religionen, so sie *in ihrem Herzen* mit Gott leben, miteinander verbindet. Aber sie unterscheiden sich auch voneinander.
Ein Christ ist ein Mensch, der mit *Jesus Christus* „in Berührung" gekommen ist. In der Regel geschieht das im Kontakt mit einer christlichen Konfessionsgemeinschaft. Doch es gibt viele Wege, Jesus von Nazaret und seine Lebenssicht kennenzulernen – nicht zuletzt durch die Bibel, die von ihm erzählt

und heute längst nicht mehr nur von Christen gelesen wird.
Auch Jesus, aufgewachsen im jüdischen Galiläa und hingerichtet durch Kreuzigung im Jahre 30, war von Gott berührt. Zutiefst von Gott berührt. Als Jude lebte er im Herzen mit dem *Urgrund allen Daseins*, mit der verborgen gegenwärtigen Wirklichkeit hinter aller Wirklichkeit. Dieser Urgrund von allem war für ihn nicht ein „Etwas“, nicht eine blinde, bewusstlose Kraft oder Energie, sondern ein großer „Jemand“, den er mit „Du“ ansprach und von dem er sich „bei seinem Namen gerufen“ (vgl. Exodus 31,2; Jes 41,25 u. ö.) erfuhr. Gott war für ihn und die Gottgläubigen seines Volkes ein *person*-hafter Gott – weit größer und anders zwar als jede menschliche Person, aber doch nicht von geringerer Art: ein Gott, der sich uns Menschen von Ich zu Du zuwenden und uns lieben kann; und der gerecht ist und barmherzig.
Aber Jesus konnte damals auch vielen die Augen dafür öffnen, dass man noch größer von Gott denken kann: dass Gottes Liebe nicht an Bedingungen geknüpft, sondern absolut und grenzenlos ist; dass diese Liebe alle Menschen meint, unabhängig von menschlichen Vorleistungen ist und Gott sie auch

Schuldiggewordenen nicht entzieht; und dass jeder Mensch so kostbar für Gott ist, dass er ihm über den Tod hinaus für immer Leben schenken will. Jesus nannte Gott, wenn er von ihm sprach und wenn er zu ihm sprach, „Abba (= lieber Vater)".

Und zugleich öffnete Jesus vielen die Augen dafür, dass auch der Mensch, jeder Mensch, zum Lieben begabt ist. Jesus lebte vor, wie Gott ist – und wie der Mensch werden kann.

Christ sein heißt: das persönliche Berührtsein von Gott, der Wirklichkeit hinter aller Wirklichkeit, von *dieser* Gottessicht und von *diesem* Menschenbild her verstehen – und *mit* diesem Gott das Leben gestalten wollen, mitten unter den anderen Menschen in der Gesellschaft, die, aus christlicher Sicht, *alle* Gottes Menschen sind.

4.

Die Kirche ist eine „gemischte Gesellschaft". So bezeichnete sie schon Bischof Augustinus (354–430). Wörtlich nannte er sie eine „societas mixta"; mit realistischem Blick sprach er von Christen „de numero" und Christen „de merito", von Christen dem Namen nach und solchen, die bewusst als Christen leben wollen.[6] Eine „gemixte" Gesellschaft, das ist die Christenheit immer gewesen und bis heute geblieben, in allen Konfessionen. Und es wäre müßig zu fragen, wer zu den einen und wer zu den anderen zählt – wer will darüber urteilen?! Aber hilfreich ist die Erinnerung an den Ursprung: Das deutsche Wort „Kirche" ist aus dem altgriechischen Adjektiv „kyriakón" hervorgegangen, das von „kýrios (= der Herr)" abgeleitet ist. Die Christen der ersten Jahrhunderte verstanden sich als „kyriaké ekklesía", als eine „zum Herrn – zu Jesus Christus – gehörende Gemeinschaft". Die Kirche

ist also, dem ursprünglichen Wortsinn nach, *eine Gemeinschaft von Menschen, die zu Jesus Christus gehören*, in beiderseitigem Sinne: Jesus Christus sieht diese Menschen als zu sich gehörend an und sie verstehen sich als zu ihm gehörend.
Es gibt in der Kirche Menschen, die in ihrem Innern von der Wirklichkeit Gott berührt worden sind und Gott so „sehen", wie sie ihn durch Jesus kennen und lieben lernen konnten. Es gibt Menschen in der Kirche, die zugleich auch von Jesus selbst berührt sind und im Herzen mit ihm leben. Und es gibt in der Kirche Menschen, die ein solches Berührtsein nicht erfahren haben, aber sich angesprochen fühlen von dem, was Jesus gesagt, getan und gelebt hat, sich für seine Weisheit und seine Ethik interessieren und darin Orientierung und Halt finden für ihr Leben. Es gibt in der Kirche auch die Menschen, die sich mit der Glaubenslehre der Kirche zwar schwertun, aber die kirchlichen Traditionen wertschätzen, die Bräuche und Rituale, die christlichen Feste, die Kirchenmusik und die christliche Kunst ... Es gibt sie alle in der Kirche, in jeder Konfession, unter den Laien-Christen wie unter den Seelsorgern, in den Gemeinden wie in den Kirchenleitungen. Eine sehr gemischte Gesellschaft eben.

Vollkommen, fehlerlos und sündenlos sind sie alle nicht. Alles, was unter Menschen vorkommt, kommt auch in der Kirche vor.
Und es gibt sie alle, mit Edith Stein (1891–1942) gesprochen, „auch außerhalb der sichtbaren Grenzen der Kirche“[7]. Nicht jeder, der sein Leben an Jesus orientiert, und nicht jede, die von ihm und seinem Gott berührt ist, fühlt sich in dieser nun einmal sehr „gemixten“ Gesellschaft zu Hause. Doch von Jesus her betrachtet, gehören gewiss auch sie zu ihm. „Wer nicht gegen uns ist, der ist für uns“, hat er seinen Gefährten einmal gesagt (Mk 9,40). Und dazu steht er – bis heute.

5.

So viele Konfessionen! Wollte man alle auflisten, käme man auf über neuntausend. Wie immer sie sich im Einzelnen nennen oder von anderen bezeichnet werden – sie alle berufen sich auf Jesus Christus; das verbindet sie. Doch sie unterscheiden sich auch. Und so stellt sich die Frage: Welche Glaubensauffassung, welche religiöse Lebenspraxis, welche Gottesdienstform, welche Gemeinschaftsstruktur usw. ist denn nun die christliche?
Nach Jahrhunderten der Abgrenzung voneinander sind heute viele Konfessionen der Christenheit *ökumenisch* orientiert. Ohne ihr jeweils eigenes Profil aufzugeben, fragen sie nach dem, was ihnen gemeinsam ist. „Versöhnte Verschiedenheit" und „Einheit in Verschiedenheit" sind das angestrebte Ziel der ökumenischen Bewegung. Ihr Leitwort ist ein Satz aus dem Abschiedsgebet Jesu (Joh 17) geworden: „Vater, lass sie eins sein ..."

Der ursprüngliche und vollständige Sinn dieses Leitwortes findet allerdings noch viel zu wenig Beachtung. Denn Jesus betet hier nicht nur um das Einssein der Christen untereinander, sondern auch – ja vor allem – um das Einssein zwischen jedem Einzelnen und Gott. So jedenfalls wurde sein Gebet noch bis zur Mitte des 20. Jahrhunderts verstanden und theologische Textanalysen geben dieser älteren Deutung recht. Der katholische Bibelwissenschaftler Rudolf Schnackenburg (1914–2002) schrieb dazu bereits 1975: „Alle Erklärungen, die nur an die äußere Eintracht, Vereinigung, ‚horizontale' Einigung denken, greifen zu kurz"; so sehr die Einheit der Christen untereinander als ein zentrales Anliegen Jesu betrachtet werden dürfe: hier gehe es „um eine in Gott gründende, aus seiner Liebe lebende Einheit", die „dann freilich auch zu brüderlicher Einigung verpflichtet"[8]. Jesus ersehnt sich in diesem Gebet nichts weniger als die tiefe Lebensgemeinschaft eines jeden Menschen mit seinem Abba-Gott, wie er selbst sie mit ihm gelebt hat. Liest man das Abschiedsgebet unvoreingenommen, dann ist dieser ursprüngliche, zumindest mitgemeinte Sinn sehr klar zu erkennen: „Alle sollen eins sein: *Wie du, Vater, in mir bist und ich in dir bin* ..." Das je persönlich-innerliche In-Beziehung-Sein Gottes mit dem Menschen und des Menschen mit Gott von Ich zu Du ist das Große, Kostbare, das „Herrliche", das Jesus den Menschen zeigen und ermöglichen möchte: „Ich habe ihnen die Herrlichkeit gegeben", heißt es in seinem Gebet, „die du mir gegeben hast: dass sie eins seien, wie wir eins sind, ich in ihnen und du in mir."

Die ehrliche – und ganz und gar nicht einfache – Auseinandersetzung mit den Unterschieden zwischen den Konfessionen ist und bleibt notwendig. Doch die Erfahrung lehrt, dass sie nur solchen Christen gelingt – in den Gemeinden wie in den Kirchenleitungen –, die zum Leben im „Einssein" mit *Gott* gefunden haben und *darin* miteinander unterwegs sind.

6.

Der Kern des christlichen Glaubens kann mit wenigen Worten ausgedrückt werden. Doch es müssen Worte sein, die verständlich sind, möglichst für jeden in der Gesellschaft. „Seid stets bereit, jedem Rede und Antwort zu stehen, der nach der Hoffnung fragt, die euch erfüllt“, schreibt ein frühkirchlicher Autor an seine Christengemeinde und er fügt hinzu: „aber antwortet bescheiden und ehrfürchtig“ (1 Petr 3,15f.). Das ist eine gewaltige Herausforderung, für den Gemeindepfarrer, für die Religionslehrerin in der Schule wie für die Eltern heranwachsender Kinder. Antworten mit nur auswendig gelernten Katechismus-Sätzen genügen da nicht, auch nicht Antworten mit den gebräuchlichen „Kirchisch“-Vokabeln, die heute selbst Gläubige, die regelmäßig an Gottesdiensten teilnehmen, kaum noch verstehen.
Einfach und verständlich aber wird nur sprechen

können, wer selbst versteht, was er glaubt, und es auf den Punkt bringen wird nur können, wer sich selbst der Mitte und des Kerns seines Glaubens bewusst ist. Dazu bedarf es des eigenen ehrlichen Umgangs mit den Glaubensinhalten. Das freilich kostet Mühe.

Weitaus leichter ist es da, entsprechende Fragen mit religiösen Gemeinplätzen zu beantworten, nur über Äußerliches zu reden oder bei „niederschwelligen Angeboten" stehen zu bleiben, die dann und wann etwas mehr die Kirchenbänke füllen. Und geradezu fatal wird es, wenn mit christlichen Vokabeln Vorstellungen und Erwartungen bedient werden, die bei Lichte besehen ganz und gar nicht christlich sind; dazu gehört auch eine „Glaubensverkündigung", die aus Gott einen himmlischen Nothelfer macht, der auf bestimmte religiöse Leistungen hin alle Wünsche für ein möglichst angenehmes Leben erfüllt. All das hieße letztlich, Gottes Menschen um Gott betrügen.

„Rede und Antwort stehen" – bin ich dazu in der Lage? Vor diese Frage ist, heute mehr denn je, jeder Christ und jede Christin gestellt. Rede und Antwort über die Hoffnung, die *mich* erfüllt, ganz persönlich mich; *authentisch und ehrlich*: ohne mich zu verstecken hinter den theologischen Richtigkeiten der kirchlichen Lehre; *bescheiden*: einfach und klar, mit meinen eigenen Worten, ohne mich abzusichern mit den traditionellen Formeln der Kirchensprache; *jedem*: so, dass auch der mich verstehen kann (wenn er möchte), dem die kirchliche Binnensprache fremd ist; *zu jeder Zeit*: aus dem Stand heraus, ohne erst in Büchern nachzuschlagen; und *ehrfürchtig*: in Ehrfurcht und Toleranz gegenüber Menschen, die anders denken und anders glauben, in Ehrfurcht aber auch vor der Wirklichkeit, die die Worte des Glaubens, die alten und die neuen, meinen, wenn sie von Gott, vom Menschen, vom Geheimnis des Daseins sprechen ... Bin ich, bin *ich* dazu in der Lage?

7.

Das Wort „glauben“ (klein geschrieben) meint im allgemeinen Sprachgebrauch, etwas für möglich oder wahrscheinlich halten, im Unterschied zum sicheren Wissen. Der christliche Wortsinn aber ist – eigentlich – ein anderer. Man kann ihn mit den Tätigkeitswörtern „vernehmen“, „vertrauen“ und „sich hinwenden“ näher beschreiben.

Wer von der Wirklichkeit berührt wurde, die hinter der Vokabel „Gott“ verborgen ist, der hat etwas *vernommen*: das „Heilige“ in allen Dingen, das „Mehr“ hinter allem Dasein, das er mit seiner Wahrnehmungskraft, der ver-nehmenden Vernunft und den inneren Sinnen, erahnt und erspürt hat. An Gott glauben heißt für ihn fortan: offen bleiben für diese Wirklichkeit hinter aller Wirklichkeit; die Vernunft und die inneren Sinne gebrauchen über das Wahrnehmen der kosmischen Daseinswelt hinaus, offen sein für die Wirklichkeit, der sich unsere Daseinswelt mit all ihren Realitäten verdankt; dafür offen sein auch mit dem fragenden und reflektierenden Verstand, um das so Vernommene immer mehr und immer tiefer verstehen zu können – „glauben" ist offen sein für die Wirklichkeit als Ganze, mit Herz und Verstand.

Mit dem Vernehmen geht *vertrauen* einher. An Gott glauben heißt: Ich nehme für wahr, was ich da wahrgenommen habe; ich vertraue der vernommenen Wirklichkeit hinter dem Namen „Gott"; ich baue darauf, dass dieser Gott, der alles im Dasein hält, auch mich will und trägt und hält – ich traue ihm. Und ich vertraue mich ihm an.

Das aber „denke" ich nicht nur, ich sage es ihm. Ich *wende mich hin* zu Gott, ich sage zu der verborgenen Wirklichkeit hin: „Du, Gott, ich vertraue dir, ich vertraue mich dir an." In ihrer lateinischen Muttersprache sagten die Christen früherer Zeit: „Credo in Deum." In ihrem Sprachempfinden bedeutete das: „Ich gebe (do) das Herz (cre = cor) *hin* zu Gott (*in* Deum)."

An Gott glauben bedeutet also nicht: Ich halte es für möglich, dass es Gott gibt; und auch nicht: Ich weiß zwar nicht, ob es ihn gibt, aber ich halte an der Lehre fest, dass es Gott gibt. Wer an Gott glaubt, lässt sich nicht auf eine Lehre, sondern auf eine *Wirklichkeit* ein. Er nimmt diese Wirklichkeit ernst, vertraut sich ihr an und will mit ihr leben. An Gott glauben ist ein Erkenntnis-, Vertrauens- und Beziehungsakt. Der höchste, zu dem der Mensch fähig ist.

Und *christlich* an Gott glauben heißt: In dieser Art zu glauben folge ich Jesus. Ich versuche, wie er mit Gott, mit den Mitmenschen und mit der Welt umzugehen. Das ist ein *Weg*, mit Auf und Ab, mit Höhen und Tiefen. Und es ist vor allem ein *Lern*-Weg: Christ sein heißt lernen wollen, geistig aufgeschlossen und beweglich bleiben, ein Leben lang „Jünger" sein – was „Schüler", „Lehrling" oder auf Neudeutsch „Azubi" bedeutet –, in Gemeinschaft mit anderen, die lernen wollen, und in innerer Lebensgemeinschaft mit Jesus, dem Lehrer und Meister.

8.

Der „Glaube“ (groß geschrieben) ist das, *was* ein Christ glaubt; oder woran er, entsprechend seiner Konfessionszugehörigkeit, zu glauben angehalten ist: die Glaubenslehre der Kirche. *Der* Glaube ist das, was sich in Glaubenssätzen formulieren lässt, was in der Theologie wissenschaftlich durchdacht und reflektiert wird, was durch Glaubensschriften – Katechismen zum Beispiel –, Predigten oder Bildungsveranstaltungen vermittelt wird und was durch Lesen, Hören und Studieren erlernt werden kann.
Doch *glauben*, als Tätigkeitswort, ist mehr als „den Glauben“ kennen und Glaubenswissen haben; „glauben“ bedeutet nicht, an die Glaubenslehre glauben, sondern an den, von dem die Glaubenslehre spricht: an Gott, die verborgene Wirklichkeit hinter den Glaubenssätzen.
So betrachtet, glaubt ein Christ auch nicht an die Bibel, sondern an den, von dem die Bibel spricht

und der durch die Bibel – durch die Worte von Menschen – sein „Wort" an uns Menschen richtet. Ein Christ glaubt nicht über den ersten, jüdischen Teil der Bibel hinaus auch noch an den zweiten Teil, das Neue Testament, sondern an den, von dem alle neutestamentlichen Schriften handeln: an Jesus von Nazaret; und er glaubt *ihm* sein Evangelium – seine „erlösende, frohmachende Botschaft" –, seine Sicht von Gott, vom Menschen, vom Leben ... In der Realität ist das freilich nicht immer jedem Glaubenden bewusst. Der jüdische Theologe Martin Buber (1878–1965) unterschied deshalb zwischen einem „Satz-Glauben" und einem „Beziehungs-Glauben": Man begnüge sich, sagt er kritisch an Juden wie an Christen gerichtet, mit einem „Dass-Glauben" (ich glaube, dass ...), mit dem Bejahen „satzhaft" umschriebener Glaubenswahrheiten. Das aber heiße, lediglich „einen Sachverhalt als wahr anzuerkennen", also im Sach-Bereich des Glaubens stehen zu bleiben. Es gehe jedoch darum, im „Vertrauen ... zu dem ‚geglaubten' Gott" zu leben, im *Beziehungs-Glauben* also; denn, so Martin Buber: „Man kann ‚glauben, dass Gott ist', und in seinem Rücken leben; wer ihm vertraut, lebt in seinem Angesicht."[9]

Die Unterscheidung zwischen „Glaube" und „glauben" ist auch deshalb wichtig, weil es ebenfalls zur Realität gehört, dass manch einer zwar mit dem *Glauben*, konkret auch mit der Glaubenslehre der Kirche, Probleme hat, durchaus aber *glaubt*. Der Glaube, zumal wie er ihm vermittelt wurde, ist ihm vielleicht in manchen oder vielen Teilen unverständlich, erscheint ihm widersprüchlich und lebensfern oder ist ihm in seinen Details einfach viel zu kompliziert. Aber er lebt – mit oder ohne Mitgliedschaft in der Kirche – sein Leben „im Angesicht" Gottes und „von Angesicht zu Angesicht" mit seinen Mitmenschen, ganz im Geist des Evangeliums, auch ohne bibelfest zu sein. Jesus jedenfalls hat ganz gewiss seine Freude an ihm.

9.

Sich von Gott ein Bild machen – das soll man nicht. So steht es in der Bibel, in den Zehn Geboten gleich an zweiter Stelle (Ex 20,4–6 u. Dtn 5,8–10). Gemeint sind dort wirkliche Bilder und Figuren: Abbildungen der zahlreichen Naturgottheiten, die auch nach der Erkenntnis des einzigen Gottes noch in Teilen des jüdischen Volkes verehrt wurden. Auf *Gott, den Urgrund allen Daseins*, war dieses Gebot ursprünglich nicht bezogen. Dennoch wurde es auch im monotheistischen Judentum und dann im Christentum von Bedeutung. Bilder und Bildnisse können nur, sagte man, „Ikonen" sein – zu Deutsch: Fenster –, durch die man „hindurchschauen" muss auf die *Wirklichkeit*, die sie darstellen. Auch Bilder im übertragenen Sinne, also Vorstellungen von Gott und Lehren über Gott, können, so war man zunehmend überzeugt, nur Fenster – Wort-Fenster – sein, die auf die Wirklichkeit, die wir Gott nennen, hinweisen. Da sie aus unserer geschöpflichen Daseinswelt stammen, dürfen sie aber nie eins zu eins verstanden werden. Die Wirklichkeit Gott ist immer größer und umfassender als alle unsere Worte, unsere Lehren oder dogmatischen Definitionen. Wir können nur, sagen die Theologen, *in Analogie* über Gott sprechen.

Doch wir müssen über Gott sprechen. Und deshalb dürfen, ja müssen wir uns ein „Bild“ von Gott machen. Sonst können wir mit Gott nicht umgehen und uns nicht miteinander über Gott verständigen. Nur müssen unsere Bilder geeignet sein, in die richtige Richtung zu weisen. Von Gott zu sagen, er sei „die große Energie hinter allem“, ist zum Beispiel ein ungeeignetes Bild, denn Gott muss mehr als eine bewusstlose Energie sein. Von ihm zu sagen, er sei „Person“, ein „großer Jemand“, ist ebenfalls nur ein Bild, aber ein geeigneteres, denn es weist in die richtige Richtung: Gott kann ja nicht von geringerer Wesensart sein als das Höchste, was seine Schöpfung hervorgebracht hat. Schon im jüdischen Teil der Bibel heißt es: „Der das Ohr geschaffen hat, sollte der nicht hören? Der das Auge geschaffen hat, sollte der nicht sehen?“

(Ps 94,9) – und doch ist Gott weit mehr als das, was wir Menschen als Person kennen.
Ein solches „analoges“ Denken und Sprechen von Gott ist eine Herausforderung. Immer sind wir in einer dreifachen Versuchung: entweder uns ein Bild zu machen, das ungeeignet ist, und damit an der Wirklichkeit Gott vorbeizudenken und zu reden; oder uns ein durchaus geeignetes Bild zu machen, aber es dann eins zu eins zu verstehen; oder uns gar kein Bild zu machen und im Denken und Reden – und Beten – zu verstummen. Heute ist wohl die dritte Versuchung, auch unter Theologen, Naturwissenschaftlern und Philosophen, am größten.
Christen machen sich ein Bild von Gott – weil sie eins haben, das geeignetste und treffendste: Jesus von Nazaret. Und sie glauben, dass Gott selbst es uns Menschen geschenkt hat.

10.

Und all das Leid? Für viele Menschen im einst christlichen Abendland ist diese Frage, mit dem hessischen Schriftsteller Georg Büchner (1813–1837) gesprochen, zum „Fels des Atheismus“[10] geworden, zum stärksten Grund, nicht (mehr) an Gott zu glauben. Sie macht auch vor Menschen nicht halt, die die Wirklichkeit Gott in ihrem Herzen vernommen haben. Nicht selten geht sie zumindest, auch bei Christen, mit dem Verdacht einher: Ist denn Gott wirklich ein liebender Gott, wenn in dieser Welt so viel Unheil geschieht?

An Gott glauben heißt, offen sein für die *ganze* Wirklichkeit, und damit: offen sein für alle Realitäten, auch für die Realität des Leids – und für die *realen Ursachen* des Leids.

Neben dem *Menschen selbst*, der sich und anderen Leid zufügt, ist es die *Natur*, die das Leid verursacht. Die Kräfte und Gewalten, die im gesamten

Universum und auf unserer Erde wirken, ermöglichen die Existenz des Lebens, auch unseres menschlichen Lebens. Aber sie bewirken für uns und für viele unserer Mitgeschöpfe auch Schmerz und Unheil. In Gott die Ursache des Leids zu sehen, wäre angesichts dieser Realität ein Trugschluss, denn Gott ist weder ein Mensch noch ist er Teil der Natur. Gottes Liebe, ja seine Existenz überhaupt, wegen des Leids infrage zu stellen, ist daher unberechtigt.

Berechtigt ist jedoch die Frage, warum Gott nicht eine andere Welt ins Dasein gesetzt hat, eine Welt, die keinerlei Leid verursacht, weder durch ihre natürliche Beschaffenheit noch durch den Menschen; oder warum er, wenn eine leidfreie Welt nicht möglich gewesen sein sollte, nicht darauf verzichtet hat, überhaupt, eine Welt ins Dasein zu setzen. Auf diese Frage aber werden alle Antwortversuche – gerade angesichts des himmelschreienden Leids! – immer unbefriedigend bleiben. Nur Gott selbst könnte sie beantworten.

Menschen, die christlich an Gott glauben, versuchen, wie der Theologe Romano Guardini (1885–1968) es ausdrückte, mit der Bereitschaft zu leben, auf den „ersten Tag der Ewigkeit“ zu warten, an dem *Gott* die Antwort geben wird.[11] Sie halten sich mit jeder Vorverurteilung zurück und vertrauen ihm, dass er weiß, warum er uns – und sich – die Welt zugemutet hat.

Und sie halten sich an Jesus. Er führte uns über die uralte, leider noch heute – auch in den Kirchen – verbreitete Vorstellung hinaus, das Leid sei Strafe und Erziehungsmittel Gottes. In der Beziehung zu seinem Gott der absoluten Liebe wird das Leid zum Leiden, das *Gott mit uns mitleidet,* und zum Leiden, *gegen das zusammen mit Gott angegangen werden muss.* Jesus selbst wurde für diese Art, mit dem Leid umzugehen, zum Vorbild. Als der am Kreuz Leidende ist er für viele Christen, Generation um Generation, zum Bruder im Leiden geworden – und zum Kraftquell, gegen das Leid anzugehen, wo immer das nur möglich ist.

11.

Das Kreuz gilt überall auf der Erde als Symbol für das Christentum, ähnlich wie der Davidstern für das Judentum oder der Halbmond für den Islam. Das war nicht immer so. In den frühen Jahrhunderten, einer Zeit wiederholter Verfolgungen, hatten die Christen nur heimliche Erkennungszeichen, wie zum Beispiel das noch heute bekannte Fischsymbol. Jesus selbst stellten sie an ihren geheimen Versammlungsorten und Begräbnisstätten vor allem als den „guten Hirten“ dar, der sein verletztes oder wiedergefundenes Schaf auf den Schultern trägt, es heilt, ihm Nahrung gibt und durch den Tod hindurch ins Leben bei Gott hinüberträgt. Erst im 4. Jahrhundert, nachdem das Christentum zur Volks- und dann zur Staatsreligion im Römischen Reich geworden war, begannen die Christen, Jesus auch am Kreuz darzustellen. Doch nicht das Kreuz verehrten sie dann, sondern den Gekreuzigten, den am Kreuz hängenden Jesus Christus, dem sie auf ihren Abbildungen zugleich die Züge des Auferstandenen gaben.

Schaut nicht auf das Kreuz, schaut auf den Gekreuzigten – auf den, der jetzt mit Gott, seinem Vater, auf euch schaut! So kann man den eindringlichen Rat zusammenfassen, den wache und betende Christen durch die Zeiten hindurch immer wieder gegeben haben. Nicht das Kreuz und das grauenvolle Leid der Kreuzigung sollten im Mittelpunkt der Betrachtung stehen, sondern Jesus selbst; mit seiner Botschaft – und mit der Haltung zu Gott und den Menschen, in der er lebte und starb.

Weder Jesus noch sein Abba-Gott hatten die Kreuzigung gewollt. Aber Jesus machte auch angesichts der Ablehnung, die er bei einigen erfuhr, keine Abstriche an seiner Botschaft. Und keine Abstriche an seiner Liebe zu Gott und zu Gottes Menschen. Obwohl er wusste, in welche Gefahr er sich bringen würde, wenn er nach Jerusalem, ins religiöse Zentrum seines Volkes, ginge, redete er und handelte er – und ging dennoch nach Jerusalem. So wurde das, was dort geschah, zum *Siegel* unter sein Leben und seine Botschaft, ja zum Siegel unter sein Vertrauen, dass selbst grausamstes Leid, selbst

scheinbare „Gottverlassenheit“ und selbst der Tod nicht das letzte Wort haben: Gott ist da und fängt uns auf.
Deshalb: Schaut auf den Gekreuzigten, auf die Haltung in seinem Herzen, mit der er die Kreuzigung auf sich nahm; und schaut auf den jetzt bei Gott lebenden Jesus – auf den, der dieser Gekreuzigte ist und es immer bleiben wird. Das Kreuz ist das Siegel der *Liebe* Gottes und seines Jesus, einer Liebe zu *allen* Menschen. Es ist das Zeichen des begründeten Vertrauens, dass der Urgrund allen Seins unser Leid und unseren Tod kennt und uns im Sterben nicht ins Nichts fallen lassen wird.
Das Kreuz ist weit mehr als ein Erkennungszeichen des Christentums nach innen und nach außen hin. Und es gehört den Christen nicht allein.

12.

Rechtfertigung – dieses Wort stand fünf Jahrhunderte lang im Mittelpunkt heftiger Auseinandersetzungen zwischen der evangelischen und der katholischen Kirche. Dass es in dieser Streitfrage im Jahr 1999 zu einer Einigung gekommen ist, die für die ökumenischen Beziehungen einen großen Fortschritt bedeutet, ist auch unter Christen – beider Konfessionen – noch recht wenig bekannt. Das mag daran liegen, dass das Wort „Rechtfertigung" heute kaum noch verständlich ist. Es geht dabei, so kann man den theologischen Wortsinn verdeutlichen, um die Frage: Was muss ich *fertigen*, um vor Gott *recht* zu sein? Was muss ich tun, damit ich für Gott liebenswert bin?

An dieser Frage hatte Martin Luther, wie sehr viele Christen vor ihm und nach ihm, in tiefer Seelenqual gelitten. Denn die Antwort schien für die Kirche seiner Zeit klar zu sein: Durch „Werke" musst du dir Gottes Liebe verdienen, durch Gebete, Bußübungen, gute Taten, Opfer und Verzichte – und indem du Ablässe gewinnst. Die Folgen einer solchen „Werkefrömmigkeit", wie Martin Luther das nannte, waren pharisäische „Werkegerechtigkeit" oder die quälende Angst, wohl niemals vor Gott bestehen zu können.

Im Studium der Bibel, besonders des Römerbriefes, fand der Augustinermönch eine andere, für ihn erlösende Antwort, die sein Leben veränderte: Ich *bin* Gott recht – noch bevor ich irgendetwas dafür tue, „allein durch Gottes Gnade (sola gratia)", allein deshalb, weil Gott seine Menschen „gratis" liebt, ohne alle „Verdienste". Und was ich tun kann, damit dieses Geliebtsein in mir ankommt, ist, dass ich ihm *seine Liebe glaube*; „allein durch Glauben (sola fide)" an Gottes Liebe finde ich zur Freiheit aus pharisäischer „Werkegerechtigkeit" und quälender Gottesangst. Diese Erkenntnis, so schreibt Ottmar Fuchs (geb. 1945), ein katholischer Theologe, anlässlich des Reformationsgedenkens, ist das „Herzstück der Theologie Luthers ... Hier bringt Luther den Kern der christlichen Botschaft wieder zum Vorschein."[12]

Nein, Gott will auch unsere Werke, hielt die katholische Kirche damals dagegen: Luthers Lehre sei

„Fideismus“, eine falsche, weil untätige Form des Glaubens. – Nein, wir sind unabhängig von unseren Werken von Gott geliebt, konterte die evangelische Kirche. Und so redete man, einander verteufelnd, 500 Jahre lang aneinander vorbei. Und an Jesus vorbei.

In der GEMEINSAMEN ERKLÄRUNG ZUR RECHTFERTIGUNGSLEHRE, die am 31. Oktober 1999 in Augsburg vom Lutherischen Weltbund und der Römisch-Katholischen Kirche unterzeichnet wurde, konnte endlich klargestellt werden, dass die „Werke“ nicht die *Bedingung* für das Ja Gottes zu uns Menschen sind – vielmehr *ermöglicht* uns erst Gottes Ja, dass wir die Ärmel hochkrempeln und „Werke“ in seinem Geiste tun.[13]

13.

Beten ist der „Grundakt des Glaubens“, schrieb der Dominikanermönch und Theologe Thomas von Aquin (1225–1274).[14] Martin Luther formulierte drei Jahrhunderte später: „Eines Christen Handwerk ist beten.“[15] Andere drückten es anders aus, aber waren aus Erfahrung derselben Überzeugung: Beten ist das Zentrale im christlichen Leben.

Wie „glauben“ ist auch „beten“ ein Tätigkeitswort. Es meint eine Tätigkeit der Seele, einen „Akt“ im Innern, der je persönlich als das eigene „Handwerk“ zu vollziehen ist. Näher beschreiben lässt sich Beten nur schwer – wie alles, was innerlich ist. Um dennoch anderen vermitteln zu können, wie Beten „geht“, verwendeten die alten Meister der christlichen Spiritualität Formulierungen wie „sich Gott vergegenwärtigen“ und „sich hinwenden zu Gott“. *Sich Gott vergegenwärtigen* meint: Ich rufe mir in Erinnerung, dass Gott Wirklichkeit ist, und mache mir bewusst, dass er anwesend ist, wenn auch den Sinnen verborgen. Ich stelle mir vor, dass er mich anschaut und mir entgegen-wartet. Eigentlich ein ganz einfaches Tun, aber dennoch ein schwieriger Akt, denn in der Regel muss er erst eingeübt werden, bis er, so die alten Meister, zu einer selbstverständlichen Fertigkeit wird, ja zu einem „habitus", einem andauernden Leben im Bewusstsein der Gegenwart Gottes.

Und *sich hinwenden zu Gott* meint, wie „glauben" überhaupt: zu Gott, der mir aus dem Verborgenen her entgegen-wartet, hin-denken oder hin-fühlen; ihn ansprechen; innerlich „du, Gott ..." zu ihm sagen. Auch das ist ein ganz einfaches Tun, eigentlich. Kinder können es, Erwachsene müssen in der Regel auch das erst wieder lernen.

Ein Gebet sprechen ist nicht in jedem Fall beten. Die spanische Karmelitin Teresa von Ávila (1515–1582), eine der großen Meisterinnen der christlichen Spiritualität, unterschied zwischen „recitar" und „orar", zwischen „Gebete rezitieren" und „beten". Erst durch *inneres Beten* – ein Begriff aus der Frühzeit der Kirche – werden, so sagt sie, Gebete zum Beten.[16] „Das äußerliche Plappern", sagt auch Martin Luther, „hat nichts mit wirklichem Beten zu tun."[17]

In der Realität gibt es das eine wie das andere. Am „Gebete-Sprechen“ mangelt es im kirchlichen Leben nicht, am *Beten* jedoch schon, auch bei den fleißigen und den „hauptamtlichen“ Betern. Entsprechend fällt die Gebetskatechese, die Hinführung zum Beten, aus: Gepredigt wird, dass man beten soll, und gelehrt wird, wie man Gebete „richtig“ spricht oder singt; was dabei im Innern geschieht oder geschehen sollte, bleibt weithin unthematisiert.

Letztlich kann man tatsächlich nicht darüber reden. Man muss es tun. Schwimmen lernt man durch Schwimmen, Beten durch Beten. Und beides muss man tun, um nicht unterzugehen. Martin Luther gab den Rat: „Kurz soll man beten, aber oft und stark.“[18]

14.

Hilft beten überhaupt? – Nein. Nicht, wenn man vom Beten erwartet, dass Gott alle Bitten erhört. Jedenfalls wird man dann oft enttäuscht sein. Aber Beten ist mehr als Bitten und hilft in einem weit tieferen Sinn. Die christliche Gebetslehre kennt neben dem Bittgebet auch das Dank- und das Lobgebet und stellt das Lobgebet, nicht das Bittgebet, an die erste Stelle.

Gott *loben* ist, wie jedes Beten, ein Sprechen zu Gott von innen her, mehr still im Herzen als laut vor anderen. Es ist zuallererst etwas Persönliches zwischen mir und ihm und mit „Lobeshymnen singen" auf Gott hat es auch wenig zu tun – das braucht Gott nicht. Ich sage ihm vielmehr, wie glücklich ich bin, dass ich ihn gefunden habe; ich sage ihm, wie gut es ist, dass er da ist und „wie doll" er ist ... Im Lobgebet geht es ganz um ihn, nicht um mich und dass er mir doch helfen möge.

Gott *danken* ist dem Lobgebet sehr ähnlich. Wieder geht es um ihn zuerst, nicht um mich. Ich sage ihm: „Du, Gott, danke!“ – nicht nur dafür, dass er mir eine Bitte erfüllt hat, sondern für alles, was mein Leben reich macht ... Ein solches Beten „hilft“ allein schon dadurch, dass ich mir dabei bewusst werde, wie sehr ich eigentlich dankbar sein kann für mein Leben mit allem, was dazugehört. Das bewahrt mich davor, alles als selbstverständlich zu nehmen und immer nur frustriert oder begehrlich auf das zu schauen, was mir fehlt. Gott Danke sagen weckt die Dankbarkeit in mir und hält die Freude an Gott in meinem Herzen wach.

Gott um etwas *bitten* ist Ausdruck des Vertrauens, dass es ihm ganz um mich geht. Deshalb sage ich ihm alles, was mich bewegt und auch was ich ersehne, in Freud und Leid. Manchmal ist dann mein Bitten ein dringlicher Wunsch, manchmal ein Notschrei, manchmal eine Klage. Manchmal wende ich mich an ihn in Angst, manchmal in Zorn und Wut, manchmal in Unbekümmertheit und manchmal in Sehnsucht – immer ist es mein Leben mit seinem Auf und Ab, das ich mit Gott teile. Und Gott um etwas bitten ist auch Ausdruck meiner Sorge um andere, was man dann *Fürbittgebet* nennt. Mit der

Vorstellung, dass Gott mich nur erhört, wenn ich möglichst viele Gebete spreche, hat weder das Bittgebet noch das Fürbittgebet etwas zu tun. Dann würde Beten nicht helfen, sondern nur meinem eigenen Charakter schaden.

Hilft beten? – Ja. Wenn es mir dabei ganz um den geht, dem es ganz um mich geht. Nicht Gottes Hilfe ist die Hilfe, sondern *Gott* ist die Hilfe. Ein geistlicher Autor aus dem 19. Jahrhundert, der italienische Priester Bartholomäus del Monte, hat diese Haltung so auf den Punkt gebracht: „Suche den Gott der Tröstungen, nicht die Tröstungen Gottes!“[19]

Ich kann durch Beten egoistisch, verschroben und weltblind werden – oder in eine große, tiefe Freundschaft hineinwachsen, in der ich Mensch sein und Mensch werden kann.

15.

Beten ist auch hören – und das ist alles andere als nur so daher gesagt. Gott redet wirklich. In verständlicher Sprache, jeder Mensch kann sie hören und verstehen. Man muss allerdings aufmerksam hören.

Gottes Sprache ist die *Weisheit*, sagt die Bibel. Dieses Wort, im Deutschen aus dem Verb „weisen" gebildet, meint – auch in anderen Religionen und Kulturen – *weisende Wahrheit*: eine Wahrheit, die auf etwas hinweist, weiterweist, über bisher Erkanntes hinausweist. Dahinter steht die Erfahrung, dass uns im Alltagsgeschehen des Lebens ständig Wahrheit begegnen kann, die uns etwas sagen will: in Erkenntnissen und Einsichten als Frucht des eigenen Nachdenkens, in spontanen Eingebungen und Erleuchtungen, in gesprochenen und geschriebenen Worten anderer, in den unerwarteten Fügungen, in gesellschaftlichen Ereignissen, in

den „Zeichen der Zeit“ ... Weisheit kann angenehme oder auch unbequeme Wahrheit sein, in jedem Fall aber weitet sie den Blick, bricht Vorurteile auf, stellt Urteile in Frage, bringt Erkenntnis über den bisherigen Erkenntnisstand hinaus. Bewusst damit umzugehen, solche Weisheit an sich heranzulassen und sie für das eigene Denken, Planen und Handeln nutzbar zu machen, fordert heraus – aber fördert das Leben.
Christen sehen die letztursächliche Quelle weisender Wahrheit in Gott. Der Urgrund allen Seins ist für sie auch der Ursprung aller Weisheit. Auf Wahrheit achten heißt daher: *Gott* zuhören. Und Beten ist eine besonders aufmerksame Form des Zuhörens: In der Stille und indem ich mir ausdrücklich etwas Zeit nehme, kann Gott durch eine Wahrheit, die mich angeht, zu mir sprechen. Das ist freilich nur möglich, wenn ich beim Beten nicht nur etwas sage, sondern mir auch etwas sagen lasse. Konkret heißt das: Ich beende mein Beten nicht nach meinen Gebeten oder eigenen Worten, sondern bleibe und schweige; und dann lasse ich die Gedanken und die Ereignisse an mich heran, die mir vielleicht schon seit Tagen etwas sagen wollen; oder ich lese ein paar Sätze aus einem Buch, von dem ich den

Eindruck habe, dass es mir in meine jetzige Lebenssituation hinein etwas zu sagen hat. Mein Beten wird so zu einem Gespräch, bei dem ich Gott aufmerksam zuhöre.
Die Worte „Kontemplation“ und „Meditation“ haben, christlich verstanden, hier ihren Sitz im Leben. *Kontemplation* ist schweigendes Schauen und Hören; ein kontemplativer Mensch ist ein hörender Mensch. *Meditation* ist das Nachdenken über das Gehörte, das einfühlende Nachsinnen darüber. Beides gehört zusammen und beides gehört zum *inneren Beten*.
Reden ist Silber, Schweigen ist Gold. Auch beim Beten. Und wird beim Beten Schweigen zum Hören, öffnet sich eine Schatztruhe.

16.

Auch Bibellesen ist Beten, hörendes Beten. Für Christen ist die Bibel „Wort Gottes“. Nicht, dass Gott sie geschrieben oder diktiert hätte; geschrieben wurde sie von Menschen. Aber was Menschen darin niedergeschrieben haben, das haben sie als *Weisheit,* als *weisende Wahrheit* gehört und empfangen und die konnte ihrer Erfahrung nach letztlich nur von Gott stammen. Die Bibel kann daher, auf eine Kurzformel gebracht, „Gotteswort in Menschenwort“ genannt werden. Dass sie tatsächlich nicht nur Menschenwort ist, erschließt sich jedoch erst im hörenden Beten. Die Bibel – das Alte (oder Erste) und das Neue Testament – ist hörend entstanden und sie kann nur hörend verstanden werden. Doch dazu braucht es zwei Ohren: Das eine Ohr muss auf die *Aussageabsicht der Verfasser* gerichtet sein, das andere auf den Sinn ihrer Worte, auf die *Weisheit Gottes selbst*, die sie auf menschliche Art weitergeben wollten.

In einem Dokument des Zweiten Vatikanischen Konzils (1962–1965) heißt es: „Da Gott in der Heiligen Schrift durch Menschen nach Menschen Art gesprochen hat, muss der Schrifterklärer" – und damit sind nicht nur die Fachtheologen der Bibelwissenschaft gemeint – „um zu erfassen, was Gott uns mitteilen wollte, sorgfältig erforschen, was die heiligen Schriftsteller wirklich zu sagen beabsichtigten ..."[20] Das leuchtet heute sehr vielen Christen, wenn auch noch längst nicht allen, ein. Ja, viele hungern nach gründlich „erforschten" Erklärungen und Erläuterungen zu den Texten der Bibel, die ihnen an so manchen Stellen unverständlich ist. Und alle, die solche Nahrung bekommen – in Predigten, Bibelseminaren und durch inzwischen reichlich vorhandene Literatur –, geraten ins Staunen über die kostbaren, erhellenden Weisheiten, die in diesem „Buch der Bücher" enthalten sind.

Doch was da in die Ohren dringt, erreicht nicht immer das Herz. Nun gilt es, die gehörte, ursprünglich gemeinte Weisheit nicht nur zur Kenntnis zu nehmen und als Wissen im Kopf abzuspeichern, sondern sich auch persönlich davon ansprechen zu lassen: Was sagt diese weisende Wahrheit *mir*, was sagt sie mir in *mein* Leben hinein? Auch das will nun gehört werden. Und dabei ist das Ohr nicht nur auf die vernommene Weisheit gerichtet, sondern *zu Gott hin*, dessen „Wort“ sie jetzt auch an mich ist. Es hört mit der Frage: Was sagst *du*, Gott – und *du*, Jesus – mir mit diesem Wort? Erst in einem solchen persönlichen und hörend-betenden Umgang mit der Bibel erschließt sich mir, dass im Menschenwort eines Bibeltextes *Gottes Wort* steckt.

Die Bibel ist ernst zu nehmen, nicht „wortwörtlich“. „Der Buchstabe tötet, der Geist macht lebendig“, schrieb Paulus um das Jahr 53 an die Gemeinde in Korinth (2 Kor 3,6). Das bleibt Christen ins Stammbuch geschrieben für alle Zeiten – nicht nur, was das Bibellesen betrifft.

17.

Beten zu Jesus? – für manche Christen keine Frage, für andere ein Problem. Das hängt von der Meinung ab, die sie von Jesus haben. Und davon, wie gut sie ihn kennen.
Jesus war ein Mensch auf dieser Erde. Und doch ein besonderer Mensch. Was ihn so besonders machte, war das, was er über Gott sagte – und *wie* er es sagte: Er sprach nicht nur über Gott, er lebte Gott vor. Den Charakter Gottes, den er mit seinen Worten beschrieb, hatte er selbst in sich. Das machte sein Reden so authentisch. Wenn er sprach, horchten die Leute auf. Und sie erlebten, dass er handelte wie sein Gott: Jedem, dem er begegnete, war er ganz zugewandt; in seinen Augen war ein Mensch wertvoll, weil er ein Mensch ist, vor jeder Leistung und trotz aller Schuld. Da mag so manch einer zum ersten Mal im Leben gespürt haben, dass auch er etwas wert ist – nicht nur für

Jesus, sondern demzufolge auch für Gott. Die ihn kennengelernt hatten, konnten ihm auch glauben, dass Gott dem Menschen, weil er ihn liebt, im Tod nicht das Leben nimmt. Dann aber, so waren sie überzeugt, endet erst recht das Leben dieses ganz besonderen Menschen nicht im Tod. Dann ist Jesus „auferstanden" und das hieß für sie: Er lebt bei Gott und ist ihnen – verborgen – so nahe, wie Gott ihnen nahe ist. Jesus gehörte für sie nun zur Wirklichkeit hinter dem Namen „Gott" mit dazu. Deshalb konnten sie nach seiner Hinrichtung zu ihm beten, wie sie zu Gott beteten.
Über die Bibel, die von ihm erzählt, kann man Jesus auch heute kennenlernen und ihn zumindest, wenn man in seine Schule geht, als einen großen *Lehrer der Weisheit* schätzen lernen. Als Weisheitslehrer sehen ihn viele Menschen, auch Juden und Muslime, Hindus und Buddhisten und selbst manche, die keiner Religion angehören oder sich als Agnostiker oder Atheisten verstehen. Zu ihm beten werden sie freilich nicht. Damit haben heute, wie gesagt, auch viele Christen ein Problem. „Wenn ich bete", sagen sie, „bete ich zu Gott. Jesus ist mir darin aber ein großes Vorbild – und auch darin, wie wir Menschen miteinander umgehen sollten." An-

dere sprechen die Gebetsanrede „Jesus Christus, du …“ zwar mit, meinen damit aber nur ganz allgemein Gott. Und wieder andere machen sich über solche „Feinheiten“ gar keine Gedanken.
Christen, die bewusst, aus dem Herzen heraus, zu Jesus beten – zu Gott und zu Jesus –, tun es nicht, weil es ihnen die Kirche so vorschreibt, sondern weil sie von der Wirklichkeit Gott berührt worden sind. Denn nicht wenige sind darunter, denen erst durch Jesus bewusst geworden ist, wer und wie dieser Gott ist. Solche Menschen können sich dann vergegenwärtigen, dass der Jesus von damals auch jetzt – mit Gott – anwesend ist. Sie können betend zu ihm sprechen – und betend hinhören zu ihm, der auch für sie der Lehrer göttlicher Weisheit ist.

18.

Zum Heiligen Geist beten – das machen Christen vor besonders schwierigen Aufgaben, vor einer Prüfung oder vor einem nicht ganz einfachen Gespräch und im Gottesdienst alljährlich vor und zu Pfingsten. Sie bitten dann den Heiligen Geist, dass er „kommen" und sie „erleuchten" möge.

In der Bibel ist oft vom Geist Gottes die Rede, in beiden Teilen. Die für „Geist" gebrauchten Worte „ruach" im Hebräischen und „pneuma" im Griechischen – das eine weiblich, das andere sächlich – bedeuten eigentlich so viel wie „erfrischende, lebensnotwendige Luft" und meinten damals in der Alltagssprache den Wind und den Atem. In Verbindung mit dem Zusatz „heilig" – „*heilige* ruach" oder „*heiliges* pneuma" – wurden sie zu Bildworten für die „frische Luft", die von Gott ausgeht und Leben in die Welt bringt. Näherhin beschreibt die Bibel diesen göttlichen Geist als „Geist der Weisheit“ und „Geist der Wahrheit“. Jesus nennt ihn, ebenfalls bildhaft, den „parákletos“, damals die Bezeichnung für einen Lebensberater und Anwalt (in der lateinischen Bibelübersetzung: advocatus): „Er wird euch“, sagt Jesus, „in die ganze Wahrheit führen“, und: „Er wird euch alles lehren und euch an alles erinnern, was ich euch gesagt habe“ (Joh 14,16–26 u. 16,13).

Gottes Geist wirkt also in die Welt hinein durch Weisheit, durch *weisende Wahrheit*, die das Leben wecken und zum Lieben bewegen will. Im christlichen Glaubensverständnis ist die weisende Wahrheit, wie und wo immer sie einem Menschen begegnet, die Sprache Gottes, durch die das Wirken seines Geistes konkret erfahrbar werden kann.

Im Laufe der ersten Jahrzehnte nach Jesus lernten die frühen Christen, den heiligen Geist Gottes personhaft zu sehen, als den *Heiligen Geist*, die „dritte Person“ in der göttlichen Dreieinigkeit.

„Zum Heiligen Geist beten“ meint daher nicht, *um* den Heiligen Geist beten, sondern *zu* ihm beten. Der Heilige Geist ist immer schon da und er tut gewiss nichts lieber, als in unser Leben und in unsere Welt hineinzuwirken. Man muss ihn darum nicht erst bitten. Auch ihm gegenüber heißt beten: sich ihn vergegenwärtigen und sich zu ihm hinwenden, sich also bewusst machen, dass er da ist, und ihn dann ansprechen: „Du, Heiliger Geist ..." – und vor allem: *zu ihm hinhören*, das Ohr und das Herz öffnen für seinen „frischen Wind".

Gottes Geist „weht, wo er will" (Joh 3,8), nicht nur in die Herzen der Christen hinein. Doch für Christen sollte gelten: „Nichts ohne meinen Anwalt!"

Beten – schweigend, sprechend und hörend zugleich – ist das Zentrale im christlichen Umgang mit Gott. Weil *Gott* das Zentrale im christlichen Leben ist.

19.

Gott ist dreieinig, sagen Christen und sprechen von der *Dreieinigkeit* oder *Dreifaltigkeit* Gottes, theologisch von der *Trinität*. In der Bibel kommen diese Begriffe noch nicht vor und auch das, wofür sie stehen, ist nur ansatzweise in ihr enthalten. Der Glaube an den *drei*-einen Gott entstand in der frühen Kirche, unter den *betenden* Christen, und wurde dann im 4. Jahrhundert von Bischöfen und Theologen als Glaubensbekenntnis formuliert. Nur *betend* lässt sich deshalb mitvollziehen, was die theologischen Begriffe eigentlich meinen, zumal sie auch ins „Kirchendeutsch“ eingegangen und heute für viele kaum noch verständlich sind.

Wie alle gläubigen Juden beteten die allerersten Christen zu Gott – und nach den Ereignissen in Jerusalem auch zu Jesus. Denn sie bauten darauf, dass Gott Jesus „aufgeweckt“ hat aus dem Tod und er zusammen mit Gott, seinem „Abba“, anwesend ist. Von ihm hatten sie gelernt, dass sie für Gott wie Söhne und Töchter sind, aber er war für sie ein „einzigartiger Sohn“ (Joh 1,14/18) unter allen Töchtern und Söhnen Gottes: weil er in seinem Charakter, ja in seinem ganzen Wesen, so war wie dieser Gott. Sie hatten erlebt, dass kein Blatt passte zwischen ihn und Gott – und das konnte jetzt nicht anders sein: Wo Gott ist, da ist auch Jesus, sein einzigartiger Sohn; beide gehören aufs Engste zusammen. Also vergegenwärtigten sie sich beim Beten, dass *beide* da sind, und wendeten sich *beiden* zu. Gott, das war fortan für sie „der Vater und der Sohn“ – Gott, der Urgrund des Seins, war eine Gemeinschaft von zweien.

Diese Art zu beten brachte bald eine weitere Erkenntnis: Wo zwei sind, die einander lieben, da muss ein Dritter sein. Denn eine Beziehung zwischen zwei Liebenden erreicht erst ihre ganze Tiefe, wenn sie gemeinsam einen Dritten lieben, sie miteinander eins sind in der Liebe zu einem Dritten. Wenn das schon unter Menschen so ist – zum Beispiel bei Eltern in der gemeinsamen Liebe zu ihrem Kind oder bei Freunden in der gemeinsamen Freundschaft zu anderen –, dann, so erkannten spätere Christen der Frühzeit, kann es in der Beziehung zwischen Gott, dem „Vater“, und Jesus, seinem „Sohn“, nicht anders sein. Und dieser Dritte kann nur jemand sein, der beiden im Wesen ganz und gar entspricht. Diesen „unbekannten Dritten“ sahen sie im heiligen Geist, der folglich eine eigene „Person“ sein musste; aus dem *h*eiligen Geist wurde für sie der *H*eilige Geist. Und sie beteten zu diesen Dreien, die zusammen für sie der *eine* göttliche Urgrund allen Seins, der *drei-eine Gott*, geworden waren.

Der Urgrund, dem sich alles, was da ist, verdankt, muss, so sagten dann die Theologen, „ein Gott in drei Personen“ sein: nicht ein einsamer Gott, sondern eine „communio“, *eine zutiefst miteinander kommunizierende Gemeinschaft*. Durch Denken allein kommt man darauf nicht – nur durch Denken und *Beten*; und nur durch Beten und *Denken*.

20.

„Gott, ihr drei ...“ – so betete die im Jahr 2016 heiliggesprochene Karmelitin Elisabeth Catez (1880–1906). Andere beteten auch so, aber das ist weniger bekannt geworden. Elisabeth – im Kloster Dijon trug sie den Ordensnamen Elisabeth von der Dreifaltigkeit – hatte den Mut, aufzuschreiben, wie und was sie betete; dadurch kennen wir ihre Gottesanrede. In einem ihrer Gebetstexte spricht sie zunächst jeweils einzeln Gott-Vater, Jesus Christus und den Heiligen Geist an und danach, sehr liebevoll, die göttlichen Drei zusammen: „O mes Trois – Ihr, meine Drei ...“[21]

Eine Anrede, die ungewohnt klingt. Das mag an der „Dreifaltigkeitsvergessenheit“ liegen, die katholische wie protestantische Theologen seit Jahrzehnten schon beklagen. Der italienische Theologe und Bischof Bruno Forte zum Beispiel (geb. 1949) sprach vom „Exil der Trinität“[22], das schon ein gutes Jahrtausend lang andauere; und der evangelische Theologe Jürgen Moltmann (geb. 1926) fragte: „Woran liegt es, dass die meisten Christen im Abendland, sie seien Katholiken oder Protestanten, der Erfahrung und der Praxis ihres Glaubens nach eigentlich nur ‚Monotheisten' sind?" – ob Gott „einer oder dreieinig ist", das mache für sie „in der Glaubenslehre scheinbar so wenig einen Unterschied wie in der Ethik".[23] Und dabei geht es doch nicht um irgendein Thema am Rande, sondern um das Zentrale im christlichen Glauben: um *Gott* und um den „Grundakt des Glaubens", das *Beten*. Und nicht zuletzt auch um die *Ethik*, das Handeln und Verhalten gegenüber den Mitmenschen.

Es macht tatsächlich einen Unterschied, ob ich zu Gott als einem „Einzelwesen" bete und dabei, je nach Situation oder persönlicher Vorliebe, mal den Namen „Gott" oder „Vater" und mal die Namen „Jesus Christus" und „Heiliger Geist" benutze – oder ob ich in dem Bewusstsein lebe, dass ich vor einer *göttlichen Gemeinschaft* stehe.

Erst wenn ich „du, Vater", „du, Jesus" und „du, Heiliger Geist" sage und dann auch „Gott, ihr drei", werde ich der *Wirklichkeit Gott* gerecht.

Erst wenn ich mich zu jedem der göttlichen Drei

und zu ihnen gemeinsam hinwende – redend, schweigend und hörend –, wird aus einem allgemein-religiösen Umgang mit Gott *christliches* Beten.

Und dann erst ist mein *ethisches* Verhalten nicht mehr nur in kirchlichen Geboten oder in Anstandsregeln begründet, sondern mehr und mehr in dem Bewusstseinszustand, dass ich ein „Mensch in Gemeinschaft" bin, so wie Gott ein „Gott in Gemeinschaft" ist. Dann kommen Selbstverständlichkeit und Weite in meine Ethik, in meine Mitmenschlichkeit. „Gott, ihr seid drei und wir sind drei", beteten einer alten Legende nach drei russische Mönche.[24]

21.

Die Unterscheidung der Geister gehört wie das Beten zur Mitte christlichen Lebens. Sie gehört zum Beten. Denn nicht jeder Geist, der auf den Menschen einwirkt, ist vom Heiligen Geist und nicht jede scheinbare Weisheit weist wirklich in die Wahrheit. Gott schickt „Frau Weisheit“ in die Welt, damit sie uns „Schwester und Freundin“ sei, sagt die Bibel, aber sie kennt auch „Frau Torheit“, die „nach Verführung fiebert“ und das Leben zerstört (Spr 8,4 u. 9,13). Deshalb schreibt schon ein Christ der ersten Generationen: „Traut nicht jedem Geist, sondern prüft die Geister, ob sie aus Gott sind“ (1 Joh 4,1) – damit ihr nicht, so vor ihm bereits Paulus im Brief an die Gemeinde in Korinth, dem „Geist der Welt“ folgt, sondern „dem Geist, der aus Gott stammt“ (1 Kor 2,12).
Im Laufe der Jahrhunderte sind immer wieder Kriterien und Regeln erstellt worden, die helfen kön-

nen – dem Einzelnen wie den Gremien und Gemeinschaften –, die Weisheit Gottes vom „Geist der Welt“ zu unterscheiden. Sie alle lassen sich in die Grundregel zusammenfassen, die Jesus seinen Gefährten mit auf den Weg gab, als er ihnen sagte, wie man echte von falschen Propheten unterscheiden kann: „An ihren Früchten werdet ihr sie erkennen“ (Mt 7,16/20). Alles, was das Leben stärkt, was aus der Enge in die Weite führt, was aufbaut – mich und zugleich die anderen –, das entspricht dem Geist Gottes. Und alles, was eng macht und ängstigt, was niedermacht und zerstört, innerlich wie äußerlich, das entspricht dem Geist Gottes nicht, auch wenn es die Mehrheitsmeinung ist, eine lange „Tradition“ hat oder eine amtliche Autorität es äußert. Und auch nicht immer, wenn es sich im Innern „gut anfühlt“.

Ignatius von Loyola (1491–1556), dessen Regeln zur Unterscheidung der Geister besonders einflussreich geworden sind, rät, schon am Anfang mitzubedenken – zu „verkosten“, sagt er –, wie wohl die Früchte sein werden: ob sich, langfristig gesehen, mehr Weite, mehr Tiefe, letztlich mehr Wachstum an Liebe oder aber das Gegenteil einstellen werden.[25]

Leider ist lange Zeit zu wenig beachtet worden, dass jeder Christ, ja jeder Mensch, die „Gabe der Unterscheidung der Geister" in sich trägt. Statt die Menschen zu lehren, wie sie diese Gabe entwickeln und anwenden können, gaben ihnen ihre Seelsorger nur allzu gern gleich selbst vor, was wahr ist und was nicht. Richtig daran ist freilich, dass man nicht allein bleiben sollte, zumindest nicht vor wichtigen Entscheidungen und in schwierigen Situationen, um das Wahre vom Schein zu unterscheiden. Das Gespräch mit einem erfahrenen Seelsorger, einer Geistlichen Begleiterin oder einem ehrlichen Freund kann dabei sehr hilfreich sein.
Auch in der Gesellschaft hat sich die Regel bewährt: Erst gemeinsam *unter*scheiden, dann vor dem Gewissen – und für Christen heißt das: betend, gemeinsam mit Gott – *ent*scheiden.

22.

Die Nächstenliebe gilt in der Gesellschaft als das Markenzeichen der Christen, an ihr werden sie gemessen. „Und Sie wollen Christ sein?!", heißt der gängige Vorwurf, wenn es an der Nächstenliebe mangelt oder auch nur zu mangeln scheint.
Zu Recht. Denn Jesus hat das Gebot der Liebe zum Nächsten gleichrangig neben das Gebot der Liebe zu Gott gestellt. Das eine ist so zentral wie das andere. „Was ihr für einen meiner geringsten Brüder getan habt, das habt ihr mir getan", sagt Jesus, und: „Was ihr für einen dieser Geringsten nicht getan habt, das habt ihr auch mir nicht getan" (Mt 25,40/45). Auch können sich Christen nicht damit herausreden, dass sie ja für die Notleidenden beten – Taten will Jesus sehen!
Und zu Unrecht. Denn schon im jüdischen Volk, lange vor Jesus, lebte man nach der biblischen Weisung: „Du sollst deinen Nächsten lieben wie

dich selbst" (Lev 19,18). Dem Inhalt nach ist dieses Gebot sogar allen Völkern und Kulturen vertraut, ja es prägt jede mitmenschlich orientierte Ethik auch heute. Nächstenliebe ist also nicht christliches Eigengut und dem Vorwurf: „Sie wollen Christ sein?!" wäre, wenn er ungerechtfertigt und beleidigend daherkommt, durchaus entgegenzuhalten: „Und Sie wollen ein Mensch sein?!"
Noch weniger aber ist bekannt, auch unter Christen, dass Jesus dieses Gebot nicht nur dem Gebot der Gottesliebe gleichstellte, sondern es darüber hinaus radikal veränderte. Auf die Frage: „Und wer ist mein Nächster?" antwortete er anhand eines konkreten Beispiels mit einer Gegenfrage: „Was meinst du: Wer von diesen dreien" – von denen nur einer geholfen hatte – „hat sich als der Nächste dessen erwiesen, der von den Räubern überfallen wurde?" (Lk 10,25–37). Jesus dreht also den Spieß um und gibt dem Wort „Nächster" einen neuen Sinn: Frag nicht, wer dein Nächster ist, sondern sei *du* der Nächste – *jedem* gegenüber.
Das herkömmliche Verständnis birgt die Gefahr in sich, dass die Nächstenliebe – ob im privaten, kirchlichen oder gesellschaftlichen Bereich – instrumentalisiert wird zu einem Mittel, mit dem man

das eigene Gewissen beruhigt oder sich soziales Ansehen verschafft; in der christlichen Variante: indem man sich durch „Werke der Nächstenliebe" bei Gott Verdienste sammelt. Damit aber wird auch der Mitmensch instrumentalisiert, wird zum Objekt eines humanistisch oder religiös motivierten Gutmenschentums. Nächstenliebe kann für den Nächsten, auch wenn sie ihm in der Not eine Hilfe ist, so entwürdigend sein! Und nichts fühlt sich für ihn schlimmer an, als wenn sich ihm jemand zuwendet, um „im anderen Christus zu dienen".

Sei *du* der Nächste! Dann kann der andere, auch der Hilfsbedürftige und in Not Geratene, ein *Mensch* sein – ein Mensch wie du.

23.

„Liebe“ ist ein großes und in seiner Bedeutung sehr vielschichtiges Wort. Es kann tiefe Gefühle meinen und es kann für eine recht nüchterne, aber doch sehr bewusste Zuwendung stehen. Eigentlich ist es ein Tätigkeitswort, denn Liebe gibt es real nur als *lieben* und als *geliebt werden* und als die Erfahrung, *lieben zu können* und *geliebt zu sein*. Das gilt für die Liebe zwischen Menschen wie für die Liebe zwischen Gott und Mensch und Mensch und Gott. Im Christentum enthält das Wort „Liebe“ zuerst eine Botschaft, dann erst, auf der Grundlage dieser Botschaft, auch eine Aufforderung.
Die *Botschaft* lautet: Du bist von Gott geliebt – und du bist von Gott mit der Fähigkeit zu lieben begabt. Das ist der Kern des Evangeliums, der „frohen Botschaft“ Jesu. Ein Text aus dem Neuen Testament fasst sie in die Kurzformeln zusammen: „Gott ist Liebe“ und „Die Liebe ist aus Gott“ (1 Joh 3,7f./16).

„Gott ist Liebe“, heißt es dort – nicht, wie in den früheren Ausgaben der Luther-Bibel und der Einheitsübersetzung fälschlich wiedergegeben: „Gott ist *die* Liebe“, was zu dem Trugschluss verführen konnte, die Liebe sei Gott und „Gott“ nur ein anderes Wort für die Liebe. Der frühchristliche Autor wollte, ganz im Sinne Jesu, sagen, dass *Gott liebt* und gar nicht anders kann, als zu lieben, dass er also „pure Liebe“ ist. Dieses Lieben Gottes geschieht ganz und gar „vorleistungsfrei“, wie Papst Benedikt XVI. kommentierte[26], ganz und gar „sola gratia – aus Gnade“, wie Martin Luther betonte; es gilt jedem Menschen, vor jeder Leistung und trotz aller Schuld. – Und mit dem Satz: „Die Liebe ist aus Gott“ ist gemeint, dass uns die Fähigkeit zu lieben von Gott selbst gegeben ist. Daraus folgt auch, dass uns in jeder menschlichen Liebe Gottes Liebe entgegenkommt; ja, dass sich von Gott nur geliebt fühlen kann, wer die Erfahrung kennt, von Menschen geliebt zu sein.

Die *Aufforderung* lautet: Glaub ihm, dem Abba-Gott Jesu, dass du von ihm geliebt bist, bedingungslos geliebt bist! Glaub auch deinem Mitmenschen, dass er dich liebt (so er es ehrlich meint)! – und: Liebe auch du, deinen Mitmenschen und Gott!

Beides, die Botschaft und die Aufforderung, gehört zusammen und das eine macht das andere erst möglich: Weil du geliebt bist, von Menschen und letztlich von Gott, kannst du lieben, und weil auch du lieben kannst, kannst du glauben, dass ein anderer dich liebt.
Sich geliebt wissen und lieben, beides kann mit tiefen Gefühlen verbunden sein, muss es aber nicht – jedenfalls nicht in jedem Moment und nicht dauerhaft, sowohl in den zwischenmenschlichen Beziehungen wie im Leben mit Gott. Lieben heißt, sich aus dem „Ich allein" herausbegeben und sich dem anderen, Gott und Mensch, zuwenden. Und das kann recht nüchtern, ja sogar recht anstrengend sein – nur bewusst und ehrlich sollte es sein.

24.

Die Sakramente sind *Zeichen* der Liebe Gottes. Das lateinische Wort „sacramentum" bedeutet „heiliges Zeichen" und wurde in der frühen Kirche aus der Kulturwelt des Römischen Reiches übernommen. Damals sagten die Theologen und Bischöfe: Ein „sacramentum" ist ein *Zeichen*, das etwas Heiliges, von Gott her Kommendes, *be-zeichnet*. Seither versteht man unter einem Sakrament *ein äußeres Zeichen für eine innere Gnade*, wobei mit dem biblischen Wort „Gnade" die von Gott geschenkte Liebe gemeint ist. Evangelische Christen kennen zwei Sakramente: die Taufe und das Abendmahl; nach Martin Luther und den Bekenntnisschriften der evangelisch-lutherischen Kirche zählt auch die Beichte dazu, das Bußsakrament. Die katholische Kirche hat eine Festlegung aus dem 13. Jahrhundert beibehalten und spricht von sieben Sakramenten; außer den genannten drei gehören dazu auch

die Firmung, die Krankensalbung, das Weihesakrament und die Ehe.
Noch viel zu wenig ist unter Christen bekannt, dass in der katholischen Kirche seit dem Zweiten Vatikanischen Konzil auch Jesus „Sakrament" genannt wird, und ebenso auch die Kirche.
Jesus ist, so die katholische Sakramententheologie heute, das *Ursakrament*. Als Mensch auf Erden ist er in allem, was er gesagt, getan und vorgelebt hat, das deutlichste „Zeichen der Liebe Gottes". An ihm, an seinem ganzen Wesen wird überhaupt erst verständlich, was mit der Liebe Gottes, für die die sieben Sakramente Zeichen sind, gemeint ist. Den Sinn der Sakramente und das, was sie bezeichnen, versteht man daher nur in dem Maße, wie man in innerer Freundschaft und „Schülerschaft" mit Jesus Christus lebt. Andernfalls kann es zu verhängnisvollen Missverständnissen kommen – zum Beispiel in Bezug auf die Taufe, dass nur der Mensch, der getauft ist, von Gott angenommen und geliebt sei.
Auch die *Kirche*, die Gemeinschaft der Menschen, die zu Jesus Christus gehören, wurde von den Konzilsvätern „Sakrament" genannt. Sie ist als das *Grundsakrament* ein „Zeichen und Werkzeug"

Gottes auf seinem Weg mit „der ganzen Menschheit“[27], so heißt es in den Konzilsdokumenten, und sie ist zugleich das *Wurzelsakrament*, aus dem im Laufe ihrer Geschichte die Einzel-Sakramente hervorgegangen sind. Die zwei, drei oder sieben Sakramente sind also nicht Mittel zur Stärkung einer rein privaten Frömmigkeit. Sie bezeichnen und vermitteln vielmehr Gottes Liebe, damit die Christen sie weiterschenken und so – gemeinsam – zu einem „Werkzeug“ Gottes für *alle* seine Menschen werden können.

Menschen brauchen Zeichen, in den Beziehungen zueinander und erst recht im Leben mit Gott. Aber es kommt darauf an, dabei auf das zu schauen, was sie *be*-zeichnen.

25.

Das Abendmahl ist das Sakrament, das am häufigsten gefeiert wird: in der evangelischen Kirche in der Regel monatlich als *Abendmahlsgottesdienst*, in der katholischen Kirche als *Eucharistiefeier* – auch „heilige Messe" genannt – an jedem Sonntag und, wo es möglich ist, täglich. In der liturgischen Form und im theologischen Verständnis gibt es Unterschiede zwischen den Konfessionen, doch in einem besteht Einigkeit, zumindest zwischen der evangelisch-lutherischen und der katholischen Kirche: Dieses Sakrament ist das heilige Zeichen, dass Jesus anwesend, *wirklich gegenwärtig* ist – der Jesus, der damals in Jerusalem gekreuzigt wurde und jetzt der auferstandene, in der göttlichen Dreieinigkeit lebende Jesus Christus ist.
Katholische wie evangelische Christen hören bei der Feier des Abendmahls die Worte: „Dies (Solches) tut zu meinem Gedächtnis!" Der Leiter des

Gottesdienstes, in der katholischen Kirche ein Priester, spricht sie stellvertretend für Jesus. Der Bibel nach (1 Kor 11,24f. u. Lk 22,19) hat Jesus selbst sie so gesagt, als er am Abend vor seiner Gefangennahme mit seinem Freundeskreis beim Mahl zusammen war. Leider bringt aber die alte deutsche Übersetzung den ursprünglichen Wortsinn heute nicht mehr klar genug zum Ausdruck. Das griechische Wort „anámnesis" meint nicht „Gedächtnis" im Sinne von „sich erinnern", sondern bedeutet „Vergegenwärtigung". Das Sakrament der Eucharistie, schrieb Kardinal Joseph Ratzinger (geb. 1927), der spätere Papst Benedikt XVI., „ist wesenhaft ‚Gedächtnis', das Gegenwart schafft"[28]. Die Gedanken der Gottesdienstteilnehmer sollen sich also nicht nur auf Vergangenes, auf Jesus und sein Leben und Sterben damals richten, sondern auch auf den Jesus, der mit seiner Liebe zu Gott und den Menschen, mit der er ans Kreuz gegangen ist, auch jetzt und heute da ist. *Sich Jesus vergegenwärtigen* bedeutet, bewusst an ihn „denken" und innerlich im Herzen mit ihm zusammen sein. Eine für das heutige Sprachempfinden verständlichere Wiedergabe müsste etwa lauten: *„Tut dies, indem ihr im Herzen mit mir zusammen seid! Ich bin bei* *euch.*" Das jedenfalls ist mit den Worten der Bibel gemeint.

Und das muss *persönlich vollzogen* werden. Von den Gottesdienstteilnehmern wie auch von denen, die den Gottesdienst leiten. Es genügt nicht, nur zu wissen und daran zu glauben, dass Jesus gegenwärtig ist. Voraussetzung ist wenigstens ein Mindestmaß an Stille – an der es heute in den Gottesdiensten so sehr mangelt. Besorgt schrieb Joseph Ratzinger schon 1999: „Immer deutlicher werden wir inne, dass zur Liturgie auch Schweigen gehört ... Dass heute allenthalben Versenkungsübungen gesucht werden, eine Spiritualität des Leerwerdens, ist kein Zufall: Ein inneres Bedürfnis des Menschen meldet sich zu Wort, das in unserer gegenwärtigen Gestalt von Liturgie offenbar nicht zu seinem Recht kommt."[29]

26.

Auch Liturgie ist beten. Unter „Liturgie“ verstehen Christen die Gottesdienste an Sonn- und Festtagen, in der katholischen Kirche vor allem die Eucharistiefeier. Aber auch andere gottesdienstliche Feiern wie die Taufe und die Trauung sind Liturgie. Wenn auch der Verlauf, die Gestaltung und die dabei vollzogenen Riten von Konfession zu Konfession jeweils unterschiedlich sind, handelt es sich doch immer um eine *gemeinschaftliche* Feier.

Und es geht dabei um *Gott*. Darin unterscheidet sich ein Gottesdienst von anderen Feiern und Zusammenkünften einer Gemeinde oder Gemeinschaft. Auch wenn es in der Realität nicht immer so im Bewusstsein ist: Christen feiern nicht sich selbst, auch nicht ihren „Glauben“, im Trauungsgottesdienst nicht das Brautpaar, im Taufgottesdienst nicht den Täufling und im Gottesdienst zum Jubiläum des Bischofs nicht den Bischof. Sie feiern auch nicht „Gottesdienst“ und nicht „Liturgie“ – sie feiern *in der Form* des Gottesdienstes und *in der Form* der Liturgie *Gott*, den drei-einen Gott. „Feiern“ heißt im Gottesdienst: sich dankbar an Gott freuen – und ihm das sagen. Das geschieht im Herzen, es ist *inneres Beten*: bewusst an Gott „denken“ und sich von Ich zu Du zu ihm hinwenden, redend, schweigend und hörend, lobend, dankend und bittend. Aber was jeder auch zu Hause allein tun kann – und tun sollte –, geschieht hier gemeinsam, zusammen mit anderen. Die Gebete und Gesänge, die musikalische Gestaltung, die Gesten und die Riten, die liturgischen Gewänder und, wo er verwendet wird, auch der Weihrauch sollen dabei weder eine emotionale Stimmung erzeugen noch ein ästhetisches Erlebnis oder gar ein „Event“ schaffen – sie sind Ausdruck dieses gemeinsamen Feierns im Herzen. Nicht auf die Feierlichkeit kommt es daher an, sondern darauf, dass der Gottesdienst *gemeinsames inneres Beten* ist. Zu viel Feierlichkeit kann dem sogar im Wege stehen, genauso wie ein andachtsloses Absingen von Liedern und Herunterleiern von Gebetstexten, sei es durch die Gottesdienstteilnehmer oder durch die, die den Gottesdienst leiten und mitgestalten.

Das Zweite Vatikanische Konzil sprach sehr betont von der „bewussten und tätigen Teilnahme aller Gläubigen“ im Gottesdienst.[30] Damit war nicht gemeint, wie der Konzilstheologe Joseph Ratzinger in Erinnerung brachte, dass fortan „möglichst viele möglichst oft für alle sichtbar in Aktion treten müssten“; die „wirkliche liturgische Aktion“ sei vielmehr, so schrieb er, „die oratio (= das Beten)“, sonst gehe es „letztlich nicht mehr um Gott“ – der Gottesdienst wird dann „wirklich zu leerer Spielerei“, ja „schlimmer noch: zu einem Abfall vom lebendigen Gott, der sich unter einer sakralen Decke tarnt“, und es „bleibt am Ende ... die Frustration, das Gefühl der Leere“[31].

27.

„Wann ist Kirche?“, fragt unter Christen einer den anderen und meint damit: Wann findet der Gottesdienst statt? – Das Wort „Kirche“ hat im Deutschen drei Bedeutungen: Wir bezeichnen damit das Kirchengebäude, die Kirche als örtliche Gemeinde und weltweite Gemeinschaft und umgangssprachlich auch den Gottesdienst. Die Frage „Wann ist Kirche?“ einmal für *jede* dieser drei Bedeutungen zu stellen, kann erhellend sein:
Wann ist Kirche Kirche, wann ist ein Gottesdienst ein Gottesdienst? Wenn es dabei um Gott, in der Eucharistiefeier um Jesus geht.
Wann ist die Gemeinschaft der Christen Kirche? Theologisch betrachtet, als Gemeinschaft von Getauften, ist sie es immer und rechtlich gesehen, als institutionelle Körperschaft, ist sie es ebenfalls immer, gleich, wie lebendig und wie „vollkommen“ sie ist oder nicht ist. Doch Kirche *ist* nicht nur, Kirche

geschieht auch. Sie ist nicht nur eine statische, theologische und institutionell-rechtliche Größe, sie hat auch eine dynamische, geistliche Seite: *Kirche* „findet statt“, je mehr in ihr der Geist des Evangeliums gelebt wird. – „Die Kirche“, das ist ein abstrakter Begriff. Real gibt es nur die einzelnen Christen, die zusammen die Kirche bilden, und die sind Menschen. Das geistliche Wesensmerkmal der Kirche ist daher nicht die Vollkommenheit, wohl aber die Lern- und Reformbereitschaft; und auch die wird nie vollkommen „stattfinden“. Kirche geschieht, „wo zwei oder drei in meinem Namen versammelt sind“, sagt Jesus – „da bin ich mitten unter ihnen“ (Mt 18,20). Wesensmerkmal der Kirche ist also auch nicht die Anzahl der Gemeindemitglieder, sondern deren Aufmerksamkeit für Jesus, ihr Interesse an seiner frohmachenden Botschaft und ihre Liebe zu ihm und zu seinem Gott. Und: Kirche geschieht dort, wo die „zwei oder drei“ nicht beieinander glucken, sondern ihren Gottesdienst im Sinne des „Ite, missa est!“ beenden: „Lasst uns gehen, wir sind hinaus gesandt!“ – hinaus ins Alltagsleben als Nächste füreinander und als „Sakrament“ für die Mitmenschen im Ort. Entscheidend ist, dass in der Kirche immer wieder neu *Kirche* geschieht.

Und wann ist ein Kirchengebäude eine Kirche? Wenn darin Gottesdienst stattfindet. Und wenn es auch außerhalb der Gottesdienstzeiten geöffnet ist, damit Menschen, Christen wie Nichtchristen, mitten im Alltag oder nach der Arbeit hineingehen können, um zu beten oder einfach nur Stille zu finden. Allein schon durch eine offene Kirche geht etwas aus in den Ort hinein. Vielerorts sind die Kirchen heute geschlossen; auch von ihnen geht etwas aus in den Ort hinein: das Gefühl, dass es hier wohl eine Sekte geben muss.

Wann ist Kirche? Kirche ist, wenn die Kirche von morgens bis abends offen steht, darin Kirche stattfindet und sie vor Ort und weltweit Kirche für alle Menschen ist.

28.

Demut ist nicht „Dien-Mut“, jedenfalls nicht in der Bibel. Auf Lateinisch werden die entsprechenden biblischen Vokabeln seit der Frühzeit der Kirche mit „humilitas“ wiedergegeben, was sich von „humus (= Erde, Ackerboden)“ herleitet und dem Wortsinn nach so viel wie „Erd-lichkeit“ bedeutet. Der demütige Mensch, so versteht ihn die Bibel, weiß sich als Gottes Geschöpf, er lebt in dem Bewusstsein, dass er „aus Erde“ ist: Er macht sich – und anderen – nichts vor, er weiß, wer er ist und wer er nicht ist, er „bleibt auf dem Boden“. Das Gegenteil davon ist der Mensch, der die „Bodenhaftung“ verloren hat, der Stolze und der Hochmütige. Demut ist also eher *Mut zur Wahrheit – zur Wahrheit über sich selbst.*

Als man im Hochmittelalter „humilitas“ mit „diemuoti (Dienmut)“, dem mittelhochdeutschen Wort für die Gemütshaltung (muoti) eines Untergebenen gegenüber seinem Herrn, zu übersetzen begann, ging diese ursprüngliche Bedeutung im germanischen Sprachraum leider verloren. Zudem noch bekam „Demut“ als „Dienmut“ – an sich ebenfalls eine christliche Haltung – den Beigeschmack von Servilität und unterwürfiger Verdemütigung, was dem Christentum dann in der Neuzeit zu Recht den Vorwurf mancher Religionskritiker einbrachte, es fördere ein religiöses und kirchliches „Kriechertum“.

Für Teresa von Ávila zum Beispiel war Demut – spanisch: humildad – „Wandel in der Wahrheit“[32], Leben in *realistischer Selbsteinschätzung*: sich nicht größer machen, als man ist, und sich nicht kleiner machen, als man ist. In dieser Haltung, die sie als „wahre Demut“ ausdrücklich von „falscher Demut“ abgrenzte, sah sie, so wie viele andere in der christlichen Spiritualitätsgeschichte vor und nach ihr, die *Grundvoraussetzung* für eine gesunde Frömmigkeit, für das Gelingen des Gemeinschaftslebens und des Lebens mit Gott.

Fehlt es an Demut – an Ehrlichkeit in Bezug auf sich selbst, an Echtheit im Verhalten und an einem einfachen, authentischen Lebensstil –, dann leiden darunter alle Beziehungen, zu den Mitmen-

schen wie auch zu Gott. Und es leidet darunter die Glaubwürdigkeit.
Am „Mut zum Dienen“ mangelt es hierzulande unter den Christen nicht. Sehr viele Frauen und Männer in den Gemeinden, in den pastoralen Berufen und in den diakonischen und caritativen Einrichtungen engagieren sich für andere mit großer Hingabe. Was aber manchem von ihnen fehlt, Laienchristen, Ordensleuten wie Bischöfen oder Pfarrerinnen, ist der „Mut“, in ihrem Dienst zu sein, wie sie sind. Als etwas „Höheres“ oder „Besseres“ angesehen werden zu wollen, ja sich vor anderen selbst darzustellen, ist eine große Versuchung in unserer Zeit. Der immense Glaubwürdigkeitsverlust der Kirche, heute in der Gesellschaft wie auch bei vielen Christen selbst, hat seine Ursache nicht zuletzt im Mangel an *wahrer* Demut.

29.

Vom „ich“ zum „du und ihr und ich“ – so kann man den Prozess umschreiben, der in Gang kommt, wenn sich ein Mensch auf Jesus von Nazaret einlässt. Der Weg mit ihm und in seiner Spur „macht etwas“ mit dem Menschen.

Bischof Augustinus (gest. 430) prägte den Begriff „homo curvatus – der gekrümmte Mensch“[33]. Auch in den Schriften Martin Luthers kommt dieses Wort mehrfach vor[34], als Augustinermönch hatte er es von seinem „Ordensvater“ übernommen. Der Mensch, sagen beide, ist auf sein Ich hin „gekrümmt (curvatus)“, er neigt dazu, seine Beziehungsfähigkeit auf sich selbst statt auf andere zu richten, und bleibt so in seinem Ego stecken. Das aber macht ihn nicht nur ego-istisch, sondern auch unerfüllt: Er bleibt in sich selbst gefangen, unzufrieden mit sich und der Welt, oder wird gar zum Narzissten. Erst indem sich der Mensch einem an-

deren zuwendet, nicht nur „ich“ sagt, sondern – als Ich – auch „du“ sagt, verwirklicht er sein Menschsein. Denn sein ganzes Wesen ist auf Ich-Du-Beziehung, auf *Lieben*, angelegt. Das Du-Sagen zu einem anderen Ich biegt die Krümmung gerade, es ist, mit Martin Buber gesprochen, „die Wiege des wirklichen Lebens“[35]. Und das andere Ich verändert mich: „Mein Du wirkt an mir, wie ich an ihm wirke“[36], sagt der jüdische Philosoph und Theologe, ja er weiß: „Der Mensch wird am Du zum Ich.“[37]
Der christliche Weg, der im Judentum seine Wurzeln hat, besteht im Kern in diesem für alle Menschen möglichen Schritt vom „ich“ zum „du und ich“. Christ sein heißt, die „gekrümmte“, auf mich selbst hin verbogene Beziehungs- und Liebesfähigkeit geradebiegen und auf das Du richten. Ehrlich, authentisch und bescheiden – demütig und ohne „falsche Demut“ – wende ich mich dem anderen, den anderen zu. Dann wird aus dem „ich“ ein „du und ich“; und aus dem „du und ich“ wird ein „ihr und ich“: nicht ein kollektivistisches „wir“, das mich und die anderen zur Masse macht, sondern ein „wir – ihr und ich“, das uns „ich“ und „du“ und „du“ ... sein lässt. In solchem Miteinander werden wir aneinander, was wir sind: Menschen.

Jesus hat diesen Weg in einzigartiger Intensität vorgelebt. In der Begegnung mit seiner Persönlichkeit konnten Menschen zu Persönlichkeiten werden und Persönlichkeiten zu Gemeinschaften. Und zugleich hat Jesus gezeigt, dass es etwas mit mir macht, wenn ich diesen Schritt *auch zu Gott hin* tue: Am göttlichen Du kann der Mensch über sich hinauswachsen.
Folge ich dann dem Geist Gottes, dem Heiligen Geist, der mich wie die Christen der Frühzeit lehrt, betend den Schritt vom „du, Gott, und ich" zum „Gott, ihr Drei, und ich" zu tun, kann aus mir werden, was der evangelische Theologe Helmut Gollwitzer (1908–1993) meinte, als er die Formel prägte: „Krummes Holz – aufrechter Gang"[38].

30.

Erlöster müssten sie aussehen, hat Friedrich Nietzsche (1844–1900) gesagt. Wörtlich schrieb er: „Bessere Lieder müssten sie mir singen, dass ich an ihren Erlöser glauben lerne: Erlöster müssten mir seine Jünger aussehen!“[39] Zwar meinte er damit die Priester, doch seine Kritik trifft einen wunden Punkt in allen „Erlösten“ – nicht nur, was ihre Kirchenlieder betrifft.

Wovon sind Christen erlöst? Die Bibel sagt: vom *Sklavendasein*. Immer wieder bringt sie die Befreiung aus Ägypten in Erinnerung und sieht darin ein Bild für die Erlösung durch Gott aus jeder, auch inneren Art von Versklavung. Nach dem Neuen Testament hat Gott Jesus gesandt, um die Menschen von *Sünde* und *Tod* zu erlösen. Häufiger noch als „Christus (= Messias)“, „Herr“, „Menschensohn“ und „Sohn Gottes“ wird Jesus „sotér“ genannt – ein Wort, das in den deutschen Übersetzungen mit

„Erlöser“, „Retter“ oder „Heiland“ wiedergegeben wird; ebenso häufig sind Tätigkeitswörter, die von ihm sagen, dass er „erlöst“, „befreit“, „heilt“ und „(er)rettet“. In einem bekannten Weihnachtslied heißt es zusammenfassend, dass Jesus uns „rettet von Sünd' und Tod“. Doch was bedeutet das alles konkret?

Solange sich der Mensch nicht an das „Letzte“, an Gott, seinen Schöpfer bindet, bleibt er, so Paulus, ein „Sklave“, gebunden „an die Mächte dieser Welt“ (Gal 4,3) – und an sich selbst. Diesen Zustand nennt die Bibel „Sünde“. Gemeint ist damit nicht zuerst moralisches Fehlverhalten, sondern Steckenbleiben in der Ich-Bezogenheit und im Gebundensein an „Vorletztes“. Das griechische Wort für „Sünde“ – „hamartia“ – bedeutet: Abschießen eines Pfeils am Ziel vorbei, und im übertragenen Sinne dann: die nicht auf ihr Ziel, sondern auf sich selbst gerichtete, „gekrümmte“ Beziehungs- und Liebesfähigkeit. Das leider verloren gegangene Wort „Sund“ – heute nur noch erhalten in Ortsnamen an der Ostsee wie Stralsund oder Öresund – bringt das treffend zum Ausdruck: Ein *Sund*, an der Ostsee eine vom Meer abge-„sonderte“ enge Bucht zwischen der Küste und einer vorgelagerten

Insel, ist ein Zustand des Abgesondertseins vom Leben, ein „Tot"-Herumlaufen, eine egozentrierte Enge, die dann auch zu *Sünden*, zu Liebe-Losigkeit, Begehrlichkeit, Ellenbogenmentalität und Bosheit führt – alles andere als ein erlöster Zustand, sondern Festsitzen in der Unzufriedenheit mit sich und der Welt.

Wodurch sind Christen erlöst? Durch Jesus, der sie aus diesem Sund herausgeholt hat, indem er ihnen die Augen dafür öffnete, dass sie bedingungslos von Gott geliebt und selbst zum Lieben begabt sind. Um dieser erlösenden Liebesbotschaft willen hat er – in Liebe zu Gott und zu uns Menschen – gefährlich gelebt und die Kreuzigung auf sich genommen.

Warum aber sehen Christen dann so selten erlöst aus? – Immer jedenfalls, wenn sie sich ihrem Erlöser und ihren Mitmenschen zuwenden, singen sie ihre Lieder besser.

31.

Der Weg ist nicht das Ziel. Wir Menschen *sind* auf dem Weg, immer, von dem Moment an, als wir gezeugt wurden, bis zum letzten Atemzug im Sterben. Die Frage ist nicht, wie wir auf den Weg kommen; die Frage ist, wohin uns der Weg führt: an ein Ende oder an ein Ziel. Darauf heißt die christliche Antwort: Der Weg *hat* ein Ziel, *das Leben bei Gott – für dich und für mich, für uns miteinander.*
Aber woher nehmen Christen diese Gewissheit? Nüchtern betrachtet, spricht alles dagegen. Jedes Lebewesen ist vergänglich, so vergänglich wie die Erde selbst. Aus sich heraus hat unsere menschliche Natur nicht die Kraft, unsterblich zu sein, weder im körperlichen noch im psychisch-geistigen Teil ihres einen, unteilbaren Wesens. Warum sagen Christen dann dennoch, der Weg hat ein Ziel? Aus einem einzigen, aber ganz wesentlichen Grund, und der lässt sich immer nur persönlich ausdrü-

cken, nicht als angelerntes Glaubenswissen, sondern aus einer Erfahrung heraus, die zur je *eigenen* Gewissheit geworden ist: *weil ich an den Gott der Liebe glaube*, für den mir Jesus die Augen geöffnet hat.

Wenn mehr hinter der Wirklichkeit steckt, als die äußeren Sinne wahrnehmen, und wenn dieses „Mehr" ein göttlicher „Jemand", ja eine drei-einige, liebend-einige Gemeinschaft ist, die uns Menschen will, dann sind wir von diesem Gott geliebt, absolut geliebt. Und dann will Gott mich, wollen die göttlichen Drei uns für immer, wollen auch unsere Liebe zueinander für immer. Dann werden sie nicht sagen, wenn wir, du und ich, 75 oder 98 Jahre alt geworden sind: Nun wieder ab ins Nichts! Nein, dann wird ein solcher Gott unsere sterbliche Daseinsweise, wie Paulus sagt, in seine „himmlische", unsterbliche Seinsweise „verwandeln" (1 Kor 15,42ff.). Er, der Urgrund allen Seins, der in der einen Hand hält und trägt, was er als Natur ins Dasein gesetzt hat, wird mich und dich im Moment des Todes – weil er uns liebt – in die andere Hand nehmen, mit der er das „Über-Natürliche" erschafft, hält und trägt. Dann wird er uns, wie es so oft in der neutestamentlichen Bibel heißt, „auf(er)wecken aus

dem Tod“ und unsere Todesstunde auf Erden wird unsere Geburtsstunde bei ihm, in seiner göttlichen Daseinsweise sein.
Deshalb glauben Christen daran, dass unser Lebensweg nicht einem Ende, sondern einem großen Ziel entgegengeht. Und viele Menschen, weit mehr, als es scheint, seien sie Christen oder nicht, haben diese Gewissheit allein schon deshalb in sich, weil sie – auch wenn sie der kirchlichen Glaubensverkündigung nicht (mehr) glauben können – *an die Liebe glauben.*
Wege sind holprig und selbst die besten Autobahnen haben immer wieder Baustellen. Aber ihr Ziel, nicht ihre Holprigkeit, macht sie zu Wegen des Lebens.

32.

Einmal wird es die Kirche nicht mehr geben – am Ziel der Zeit, in Gottes Ewigkeit. Dann werden, nach seinem Willen jedenfalls, *alle* Menschen „Kirche", zum Kyrios Jesus gehörende Menschen sein. Die Kirche, die Gemeinschaft der Christen, ist zwar, mit der Bibel gesprochen, das „Volk Gottes", zusammen mit dem jüdischen Volk, in dem sie wurzelt. Doch das ist, ebenfalls der Bibel nach, nicht so zu verstehen, als wären alle anderen Völker für Gott weniger wert oder als hätte er sie gar verworfen. Es bedeutet vielmehr, dass Gott mit der Hilfe dieses einen Volkes alle Völker, also jeden Menschen, zu dem Ziel führen möchte, für das er die Welt ins Dasein rief.

Der Weg zwischen dem, was jetzt ist, und dem, was einmal sein wird, ist der Weg Gottes mit seiner Schöpfung. Gott geht ihn mit der gesamten Menschheit. Er begleitet jede einzelne Lebensgeschichte. Das im Blick zu behalten, kann Christen helfen, sich und ihre Kirche nicht zu wichtig zu nehmen – und ihre *Aufgabe* als Kirche *sehr* wichtig zu nehmen. Denn Gott braucht die Christen, ihre örtlichen Gemeinden und ihre weltweite Gemeinschaft, auf seinem Weg mit den Menschen, mit *seinen* Menschen. Er braucht nicht *nur* sie, wie Geschichte und Gegenwart uns überdeutlich zeigen, aber *auch* sie. Im Sommer 2015 – fünfzig Jahre nach dem „neuen Pfingsten" im Zweiten Vatikanischen Konzil, nach Jahrhunderten einer eher individualistisch geprägten Frömmigkeit und eines in den letzten Jahrzehnten immer stärker gewordenen Kreisens der Kirche um sich selbst – erinnerten die katholischen Bischöfe Deutschlands sich und ihre Gemeinden wieder an den eigentlichen Sinn der Kirche in Gottes Welt: „Wir wollen gemeinsam Kirche sein für alle Menschen."[40] Ähnliche Worte sind anlässlich des 500. Reformationsgedenkens auch in der evangelischen Kirche zu hören.

„Sakrament ..., Zeichen und Werkzeug" Gottes auf seinem Weg mit „der ganzen Menschheit" sein, wie das Konzil betonte[41], bedeutet aber nicht, dass sich die Kirche angesichts sinkender Mitgliederzahlen umso verstärkter als kulturelle und moralische

Instanz in der Gesellschaft repräsentieren müsste. Ihre Aufgabe ist es vielmehr, der Gesellschaft *Gott* zu „präsentieren" – als den Gott, wie ihn Jesus verkündete und in menschlicher Gestalt vorlebte. Und dies verständlich für alle! Unter Beachtung der hohen Allgemeinbildung und der großen Fragen der Menschen heute. Ohne Taufe und Kirchenmitgliedschaft zur „Heilsbedingung" zu erklären, sondern in Achtung vor den ganz eigenen Wegen Gottes auch außerhalb der sichtbaren Grenzen der Kirche. Tatkräftig engagiert in die regionalen und globalen Nöte und Probleme hinein. Authentisch, in Einfachheit und wahrer Demut. In ehrlicher, ungekünstelter Liebe zu *jedem* Menschen – und in Liebe zu Gott.

33.

Liebst du mich? – Wer so fragt, ist besorgt um die Beziehung, in der er lebt. Es steht nicht gerade zum Besten, wenn er diese Frage stellt.
Auch Christen müssen sie sich gefallen lassen. Sie steht in der Bibel, in dem wahrscheinlich ganz zuletzt, erst nach reichlich hundert Jahren Kirchengeschichte niedergeschriebenen Text des Neuen Testaments, im Nachtragskapitel zum Johannesevangelium (Joh 21).
Jesus, der Auferstandene, stellt sie. Gerichtet ist sie an Simon Petrus, der hier als Rang-Erster alle Christen vertritt, voran die Christen im „Hirtendienst".
Petrus kommt ins Stottern und antwortet ausweichend: „Ja, Herr! Du weißt, dass ich dir Freund bin" – so heißt es wörtlich im griechischen Text. Aber Jesus lässt nicht locker, noch einmal fragt er Petrus, den Christen und Hirten: „Liebst du mich?"

Wieder dieselbe Antwort. Schließlich geht Jesus darauf ein: „Simon, Sohn des Johannes, bist du mir Freund?" – wenigstens ein wirklicher *Freund*?
Jesus ist besorgt um seine Christen. Es steht nicht gerade zum Besten um ihre Beziehung zu ihm. Wohl auch nach zweitausend Jahren Kirchengeschichte nicht. Liebst du mich? Hast du in deinem Herzen wirklich eine Beziehung zu mir? Wirklich zu *mir*? – Es genügt mir nicht, dass du deinen Glauben liebst und das, was in eurem Katechismus steht. Es genügt mir nicht, dass du „die Kirche" liebst (wen meinst du eigentlich damit?) und die Liturgie, die religiösen Rituale, die Sakramente, die Kirchenlieder und die Kirchenmusik, die religiösen Kunstwerke und die „christlichen Werte" ... Es genügt mir nicht, dass du deinen kirchlichen oder geistlichen Beruf, dein Amt in der Kirche oder dein Ehrenamt liebst. Es genügt mir nicht, dass du den Heiligen Vater in Rom, deine Pfarrerin und vielleicht auch deinen Bischof liebst. Liebst du *mich*? – Wenn du mir wenigstens ein *Freund* wärst ...
Dennoch: „Weide meine Schafe!", sagt Jesus zu Simon Petrus – dreimal, so jedenfalls laut katholischer Einheitsübersetzung und evangelischer Lutherbibel. Aber im griechischen Text steht es

anders. Dort sagt der auferstandene Jesus einmal: „*Hüte* meine Schafe!", das heißt: Achte auf sie, schütze sie! – und zweimal: „*Weide* meine Schafe/ meine Lämmer!", das heißt: Gib ihnen Nahrung! Echte Nahrung aus dem Geist des Evangeliums, der frohmachenden, erlösenden Botschaft; mit Worten, die sie verstehen und in sich aufnehmen können, und mit Taten! Denn die Lämmer und die Schafe, das sind nicht unmündige Dümmlinge, sondern Menschen wie du – *Gottes* Menschen, ob mit oder ohne Kirchenmitgliedschaft.

„Jetzt will ich meine Schafe selber suchen und mich selber um sie kümmern", sagt Gott mit den Worten von Ezechiel/Hesekiel (Ez 34). Das macht Hoffnung. Das allein.

Kreuzwegstation in der Kirche des Karmelitenklosters Birkenwerder b. Berlin

Draußen
vor der Kirchentür
auf den Straßen der Welt:
die Leute von Jerusalem,
Pilatus und seine Soldaten,
die Männer vom Hohen Rat,
Nikodemus und Josef von Arimathäa darunter,
die Frauen, die weinenden,
und der Klage-Chor,
die fliehenden Jünger,
Mutter Maria und Maria aus Magdala,
Simon von Zyrene ...

Draußen
auf den Straßen der Welt,
da gehen sie alle – wir alle.

Draußen
vor der Kirchentür
gehst du, Jesus,
mit uns
deinen Kreuzweg zum Leben.

Bis du Festmahl halten
und wieder Wein trinken wirst
an eurem Tisch der Drei
mit uns Gekrümmten,
die du deine Freunde nennst.

Nachweis der Zitate

1 *Martin Luther*, Der Kleine Katechismus, hg. v. *Wilhelm Löhe*, Köln 2016, 8.
2 *Volker Leppin*, Die fremde Reformation. Luthers mystische Wurzeln, München 2016, 187.
3 *Volker Leppin*, Martin Luther. Vom Mönch zum Feind des Papstes, Darmstadt 2013, 105.
4 *Johannes vom Kreuz*, Llama de amor viva 3,28. – Dt. Ausgabe: Die lebendige Liebesflamme, Gesammelte Werke Band 5, hg., übers. u. eingel. v. *Ulrich Dobhan OCD, Elisabeth Hense* u. *Elisabeth Peeters OCD*, Freiburg i. Br. 2000.
5 *Anselm Grün, Tomáš Halík , Winfried Nonhoff*, Gott los werden. Wenn Glaube und Unglaube sich umarmen, Münsterschwarzach 2016, 33 u. ff.
6 Zt. n. *Ralf Miggelbrink*, Einführung in die Lehre von der Kirche, Darmstadt 2003, 104.
7 *Edith Stein*, Selbstbildnis in Briefen II (ESGA 3), Freiburg – Basel – Wien 2000, 300.
8 *Rudolf Schnackenburg*, Das Johannesevangelium, III. Teil, Freiburg 1975, 217.
9 *Martin Buber*, Zwei Glaubensweisen (1950),

Neuausgabe: Gerlingen, 2. Aufl. 1994, 9, 43 u. 45f.

10 *Georg Büchner*, Dantons Tod, in: Sämtliche Werke und Briefe. Historisch-kritische Ausgabe mit Kommentar, hg. v. *Werner R. Lehmann*, Band 1, Hamburg 1967, 48.

11 Nach einem Bericht von *Walter Dirks*, zit. n. *Eugen Biser*, Interpretation und Veränderung. Werk und Wirkung Romano Guardinis, Paderborn 1979, 132f.

12 *Ottmar Fuchs*, Die andere Reformation. Ökumenisch für eine solidarische Welt, Würzburg 2016, 13/16.

13 Gemeinsame Erklärung zur Rechtfertigungslehre, im Internet unter: http://www.theology.de/religionen/oekumene/evangelischerkatholischerdialog/gemeinsameerklaerungzurrechtfertigungslehre.php – Die zentrale Stelle in diesem Text lautet: „Gemeinsam bekennen wir: Allein aus Gnade im Glauben an die Heilstat Christi, nicht auf Grund unseres Verdienstes, werden wir von Gott angenommen und empfangen den Heiligen Geist, der unsere Herzen erneuert und uns befähigt und aufruft zu guten Werken" (Art. 14/15).

14 *Thomas von Aquin*, Summa theologica II II q. 83 a. 3.: „Oratio est proprie religionis actus."

15 *Martin Luther*, Tischreden, hg. v. *Thomas Walldorf*, Wiesbaden, 2. Aufl. 2013, Nr. 6751.

16 Siehe vor allem: Der Weg der Vollkommenheit, Kap. 24ff., in: *Teresa von Ávila*, Gesamtausgabe, hg., übers. u. eingel. v. *Ulrich Dobhan OCD* u. *Elisabeth Peeters OCD*, Bd. 1: Werke, Freiburg – Basel – Wien 2015.

17 *Martin Luther*, Der große Katechismus, Villingen-Schwenningen 2015, 129.

18 *Martin Luther*, Deutsche Auslegung des Vaterunsers, Weimarer Ausgabe, Bd. 2, 81.

19 *Bartholomäus del Monte*, Worte Jesu an das Herz des Priesters oder Betrachtungen für Geistliche auf alle Tage des Monats, Rom 1831, dt.: Sulzbach: Seidel'sche Buchhandlung 1839, 56.

20 Dogmatische Konstitution über die Offenbarung (Dei Verbum), Nr. 12.

21 *Elisabeth von Dijon*, Der Himmel im Glauben, übertr. v. *Hans Urs von Balthasar*, Einsiedeln/Freiburg 2000, 34f.

22 *Bruno Forte*, Trinität als Geschichte. Der lebendige Gott – Gott der Lebenden, Mainz 1989, 11f.

23 *Jürgen Moltmann*, Trinität und Reich Gottes. Zur Gotteslehre, München 1980, 17.

24 Literarisch gestaltet und überliefert durch *Lew Tolstoi*, Die drei Einsiedler, in: *ders.*, Wie viel Erde braucht der Mensch? Volkserzählungen, Legenden und Gleichnisse, Berlin 1980, 170–177.

25 Eine gute Einführung in die ignatianischen Regeln zur Unterscheidung der Geister im Internet: *Peter Hundertmark, Johann Spermann SJ, Tobias Zimmermann SJ*, Unterscheidung der Geister:
http://zip-ignatianisch.org/wp-content/uploads/ZIP_Unterscheidung_der-Geister_Erlaeuterung.pdf

26 *Benedikt XVI.*, Enzyklika: Gott ist die Liebe (Deus caritas est), Nr. 1.

27 Dogmatische Konstitution über die Kirche (Lumen Gentium), Nr. 1.

28 *Joseph Ratzinger*, Theologie der Liturgie. Gesammelte Schriften, Bd. 1, Freiburg – Basel – Wien, 3. Aufl. 2008, 269.

29 *Joseph Ratzinger/Benedikt XVI.*, Der Geist der Liturgie. Eine Einführung, Freiburg – Basel – Wien 1999 (Neuausgabe: 2006), 179.

30 Lateinisch: „participatio actuosa", siehe: Konstitution über die heilige Liturgie (Sacrosanctum Concilium), Nr. 11, 14, 19, 21, 26, 30, 41, 50, 79, 114, 121, 124.

31 *Joseph Ratzinger/Benedikt XVI.*, Der Geist der Liturgie. Eine Einführung, Freiburg – Basel – Wien 1999 (Neuausgabe: 2006), 147.

32 Wohnungen der inneren Burg, 6M 10,7 u. Das Buch meines Lebens 26,1 in: *Teresa von Ávila*, Gesamtausgabe, hg., übers. u. eingel. v. *Ulrich Dobhan OCD* u. *Elisabeth Peeters OCD*, Bd. 1: Werke, Freiburg – Basel – Wien 2015.

33 *Augustinus*, De libero arbitrio II,53.

34 *Martin Luther*, z. B. in den Auslegungen zu Ps 32 und Ps 51, in: Weimarer Ausgabe, Bd. 18, 491 u. 504.

35 *Martin Buber*, Ich und Du, Köln 1966, 16.

36 Ebd. 23.

37 Ebd. 37.

38 *Helmut Gollwitzer*, Krummes Holz – aufrechter Gang. Zur Frage nach dem Sinn des Lebens, München 1970, 10. Auflage, 1985.

39 *Friedrich Nietzsche*, Also sprach Zarathustra. Ein Buch für Alle und Keinen (Chemnitz 1883), Berlin 2016, 71f. (im Kapitel: Von den Priestern).

40 Gemeinsam Kirche sein. Wort der deutschen Bischöfe zur Erneuerung der Pastoral, Bonn 2015 (Reihe: Die deutschen Bischöfe, Nr. 100), Kap. 7.

41 Dogmatische Konstitution über die Kirche (Lumen Gentium), Nr. 1.